The Frontier and Cutting-Edge Technologies in Transportation
交通运输领域前沿技术及其展望

贾利民　严新平　王艳辉　等　编著

人民交通出版社股份有限公司
北京

内 容 提 要

本书是在总结科学技术部、交通运输部"十四五"科技发展规划技术预测相关课题研究成果基础上,总结提炼而成,内容包括:交通运输领域技术发展总体态势分析、交通运输领域新技术集合、交通运输领域最具全局影响的前沿和热点技术、交通运输领域典型前沿和热点技术方向及典型案例、交通运输领域未来发展模式(2021—2035 年)、交通运输模式驱动的前沿和热点技术预测、交通运输领域科技创新方向和重点任务布局建议等。

本书可供交通运输行业科研、管理人员学习参考,亦可作为了解交通运输科技发展前沿的普及读本。

图书在版编目(CIP)数据

交通运输领域前沿技术及其展望 / 贾利民等编著. — 北京:人民交通出版社股份有限公司,2020.12
ISBN 978-7-114-16920-5

Ⅰ. ①交… Ⅱ. ①贾… Ⅲ. ①交通运输发展—技术发展—研究 Ⅳ. ①F503

中国版本图书馆 CIP 数据核字(2020)第 213964 号

Jiaotong Yunshu Lingyu Qianyan Jishu ji Qi Zhanwang
书　　名:交通运输领域前沿技术及其展望
著 作 者:贾利民　严新平　王艳辉　等
责任编辑:刘永超　石　遥
责任校对:孙国靖　魏佳宁
责任印制:张　凯
出版发行:人民交通出版社股份有限公司
地　　址:(100011)北京市朝阳区安定门外外馆斜街 3 号
网　　址:http://www.ccpcl.com.cn
销售电话:(010)59757973
总 经 销:人民交通出版社股份有限公司发行部
经　　销:各地新华书店
印　　刷:北京市密东印刷有限公司
开　　本:720×960　1/16
印　　张:16.5
字　　数:258 千
版　　次:2020 年 12 月　第 1 版
印　　次:2021 年 11 月　第 2 次印刷
书　　号:ISBN 978-7-114-16920-5
定　　价:80.00 元

(有印刷、装订质量问题的图书由本公司负责调换)

前　言

交通运输是国民经济的命脉。2019年9月，中共中央、国务院印发了《交通强国建设纲要》，明确指出：到2020年，完成决胜全面建成小康社会交通建设任务和十三五现代综合交通运输体系发展规划各项任务，为交通强国建设奠定坚实基础；从2021年到本世纪中叶，分两个阶段推进交通强国建设；到2035年，基本建成交通强国。为构建交通强国指明了发展方向与目标。

交通运输历来是科技与产业集大成者，是新兴科技和产业的承载者，是众多科技和产业领域发展的引领者，其发展水平是一个国家科技与产业发展综合实力的体现。在信息、材料、能源等领域颠覆性技术和新兴通用技术大量涌现且与交通深度融合的态势日益加剧，进而导致世界交通运输领域科技和产业格局面临巨变的今天，充分梳理掌握交通运输领域当前技术发展水平，准确辨识具有全局性影响和颠覆性作用的关键技术，客观评价和预测未来技术发展趋势，对规划布局我国交通运输领域科技创新方向和任务、确定发展路线图，进一步推动促进我国交通运输行业技术创新和产业化有序健康发展，从根本上支撑交通强国建设具有重要的现实意义和深远的战略意义。

为此，本书遵循"立足中国、面向全球、方法科学、服务大局"的技术预见和技术辨识方法，聚焦交通运输载运装备、基础设施、运营管理与运输服务，在充分总结分析现有交通运输领域技术和对当前全球科技交叉融合形成的交通科技发展态势做详尽分析的基础上，力图对交通运输领域未来10~15年的发展模式、前沿技术、技术热点进行准确辨识和判断，对交通运输模式驱动的前沿技术和热点技术的内涵、作用和形态进行系统描述，对新兴跨领域变革性技术对交通运输系统技术体系和模式变革的影响、作用方式以及交通运输新技术的形成作出准确判断和预测，最终形成"体系完整、主线清晰、层次分明、重点突出"的交通运输领域科技前沿和热点技术的系统性预见。

本书由上、中、下三篇组成。其中上篇着眼于交通运输领域技术发展总体趋势和前沿及热点技术，通过分析交通运输领域（轨道交通运输、道路交通运输、水路交通运输、航空运输）技术发展总体态势，梳理形成交通运输领域近年来产生的新技术和变革性新技术集合,辨识两类技术集合中最具全局影响的前沿和热点技术;中篇提出了交通与信息、新材料、新能源等领域融合形成的具有全局影响意义的典型技术方向,并进行了典型案例分析;下篇在预测交通运输领域未来发展模式基础上,提出了对未来交通运输科技的总体预见和对科技创新任务布局的建议。

  本书是作者团队承担的国家技术预测基础性工作任务"交通领域科技前沿热点跟踪研究"的部分研究成果。研究工作由贾利民教授和严新平院士牵头组织,严新平院士、王俊利研究员负责水路交通相关研究;沙爱民教授、李克强教授、鲁光泉教授负责道路交通相关研究,孙帮成教授级高级工程师、贾利民教授、王艳辉教授等负责完成轨道交通相关研究,张学军教授负责完成航空交通相关研究;贾利民教授、王艳辉教授负责完成内容组织、优化和全书成稿。李曼、刘壮壮、范爱龙等博士全程参与了研究和书稿素材的编写和整理。限于作者水平、眼界和能力,书中难免有纰漏和不足,希望抛砖引玉,对我国交通运输行业相关同仁起到一定的启发和参考的作用。

本书编著者
2020 年 4 月

本书作者

贾利民,教授,北京交通大学,全面负责研究工作,负责全书的结构、内容组织、优化和全书成稿;

严新平,教授,中国工程院院士,武汉理工大学,负责水路交通领域科技前沿热点跟踪研究;

王艳辉,教授,北京交通大学,负责交通运输智能化领域科技前沿热点跟踪研究,负责完成内容组织、优化和全书成稿;

沙爱民,教授,长安大学,负责道路交通领域科技前沿热点跟踪研究;

李克强,教授,清华大学,负责智能汽车领域科技前沿热点跟踪研究;

孙帮成,教授级高级工程师,中国中车工业研究院,负责轨道交通领域科技前沿热点跟踪研究;

张学军,教授,北京航空航天大学,负责航空交通领域科技前沿热点跟踪研究;

鲁光泉,教授,北京航空航天大学,负责智能交通领域科技前沿热点跟踪研究;

王俊利,研究员,中国船舶重工集团有限公司,负责船舶装备领域科技前沿热点跟踪研究;

秦勇,教授,北京交通大学,参与轨道交通领域科技前沿热点跟踪研究;

李曼,讲师,北京交通大学,参与轨道交通领域科技前沿热点跟踪研究,负责统筹协调研究工作;

何志超,博士研究生,参与轨道交通科技前沿热点研究,负责全书校对工作;

郝羽成,博士研究生,参与轨道交通科技前沿热点研究,负责全书校对工作;

刘状壮,副教授,长安大学,参与道路交通领域科技前沿热点跟踪研究;

王传荣,研究员,中国船舶重工集团有限公司,参与船舶装备领域科技前沿热点跟踪研究;

曾晓光,高级工程师,中国船舶重工集团有限公司,参与船舶装备领域科技前沿热点跟踪研究；

范爱龙,讲师,武汉理工大学,参与水路交通领域科技前沿热点跟踪研究；

边明远,高级工程师,清华大学,参与智能汽车领域科技前沿热点跟踪研究；

丁川,副教授,北京航空航天大学,参与智能交通领域科技前沿热点跟踪研究；

王莉,副教授,北京交通大学,参与统筹协调研究工作。

目　　录

上篇　交通运输领域技术发展总体趋势和前沿及热点技术

1 概述 ·· 003
　1.1　引言 ·· 003
　1.2　交通运输领域特征及关键业务 ······················· 004
　1.3　交通运输领域技术架构与演化 ······················· 010
　1.4　本篇内容框架 ··· 020

2 交通运输领域技术发展总体态势分析 ················· 021
　2.1　交通运输各领域技术发展现状 ······················· 021
　2.2　交通运输各领域技术发展的总体态势 ············ 029
　2.3　交通运输领域技术发展总体态势 ··················· 041

3 交通运输领域新技术集合 ··································· 048
　3.1　交通运输各领域新技术集合 ·························· 048
　3.2　交通运输领域相关新兴使能/赋能技术 ·········· 061
　3.3　可能对交通运输领域产生变革性影响的新技术 ·· 072

4 交通运输领域最具全局影响的前沿和热点技术 ··· 078
　4.1　前沿与热点技术内涵 ····································· 078
　4.2　交通运输各领域前沿和热点技术集合 ············ 078
　4.3　对交通运输领域具有全局影响的前沿技术 ····· 088
　4.4　对交通运输领域具有全局影响的热点技术 ····· 095

5 本篇结论 ·· 101

中篇　交通运输领域典型前沿和热点技术方向与案例

6 交通运输领域典型前沿和热点技术方向 ·············· 105
　6.1　交通运输各领域典型前沿技术方向 ················ 105
　6.2　交通运输各领域典型热点技术方向 ················ 130

7 交通运输领域具有全局影响的典型前沿和热点技术方向 ... 157
7.1 载运装备无人化 ... 157
7.2 交通运输系统智能化 ... 159
7.3 交通管理与控制综合化和协同化 ... 161
7.4 交通运输系统新模式 ... 163
7.5 交通运输与新材料技术融合发展 ... 166
7.6 交通运输与新能源技术融合 ... 167

8 交通运输领域前沿和热点技术方向典型案例分析 ... 170
8.1 案例一 北京地铁燕房线 ... 170
8.2 案例二 天津港"智慧港口" ... 174
8.3 案例三 阿拉米达货运走廊 ... 177
8.4 案例四 亚轨道商业飞行 ... 180
8.5 案例五 轨道交通低成本复合材料 ... 184
8.6 案例六 发电/充电路面 ... 186

9 本篇结论 ... 190

下篇 交通技术的未来与科技创新任务

10 交通运输领域未来发展模式（2021—2035年） ... 195
10.1 交通运输领域未来发展模式 ... 195
10.2 交通运输各领域未来发展模式 ... 201

11 交通运输模式驱动的前沿和热点技术预测 ... 210
11.1 交通运输各领域关键前沿和热点技术演进路线预测 ... 210
11.2 交通运输模式驱动的关键前沿和热点技术 ... 214
11.3 跨领域变革性技术 ... 218

12 交通运输领域科技创新方向和重点任务布局建议 ... 222
12.1 交通运输领域科技创新总体目标建议 ... 222
12.2 交通运输各领域科技创新方向建议 ... 224
12.3 交通运输领域科技创新重点任务建议 ... 226
12.4 交通运输领域科技创新重点工程建议 ... 232

13 本篇结论 ... 237

参考文献 ... 238

上篇
交通运输领域技术发展总体趋势和前沿及热点技术

1 概 述

1.1 引言

党的十九大报告明确提出要加快建设创新型国家。创新是引领发展的第一动力,是建设现代化经济体系的战略支撑。交通运输行业要瞄准世界科技前沿,强化基础研究,实现引领性原创成果重大突破;加强应用基础研究,突出交通运输领域前沿引领技术、现代工程技术、颠覆性技术创新,为建设科技强国、质量强国、航天强国、网络强国、交通强国、数字中国、智慧社会提供有力支撑。

交通运输行业作为国民经济生产和社会生活的命脉,其快速有序发展是构建和谐社会不可或缺的重要部分。在以"绿色、智能、泛在"为特征的群体性重大技术变革之下,交通运输已成为大数据、云计算、移动互联网、智能制造、新能源和新材料等新兴技术的重点应用领域。载运装备智能化、交通设施智能化、管理服务协同化发展推动着交通运输领域新产业、新业态的不断涌现,交通运输系统自主创新和升级换代呈现出前所未有的活力。

为深入贯彻党的十九大精神,2019年9月,中共中央、国务院印发了《交通强国建设纲要》,明确指出"推动交通发展由追求速度规模向更加注重质量效益转变,由各种交通方式相对独立发展向更加注重一体化融合发展转变,由依靠传统要素驱动向更加注重创新驱动转变,构建安全、便捷、高效、绿色、经济的现代化综合交通体系,打造一流设施、一流技术、一流管理、一流服务,建成人民满意、保障有力、世界前列的交通强国,为全面建成社会主义现代化强国、实现中华民族伟大复兴中国梦提供坚强支撑"。实现交通强国建设目标,迫切需要以满足国家战略需求为导向,以国内外市场需求为依托,以行业技术发展趋势为引领,以产学研用协同创新为主导模式,在交通运输系统智能化、载运装备无人化、交通运输系统新模式、交通运输与新材料、交通运输与新能源等方向提炼一批引领交通运输发展方向的重大前沿技术,总结一批制约交通运输发展的关键科学问题,为全面提升我国交通运输系统装备、基础设施、系统集成、运营管理的技术水平提供航标。

本篇总结分析了包括轨道交通运输、道路交通运输、水路交通运输与航空运输在内的交通运输领域技术发展总体态势和前沿及热点技术，梳理形成了交通运输领域近年来产生的新技术集合和可能对交通运输领域变革产生影响的新技术集合，从而对两类技术集合中最具全局影响的前沿和热点技术进行辨识。

1.2 交通运输领域特征及关键业务

1.2.1 交通运输领域特征分析

作为从事旅客和货物运输的行业，交通运输体系主要由载运装备、基础设备设施、运营管理与服务三方面构成。不同的运输方式，其载运装备、基础设备设施、运营管理与服务模式各不相同，适应场景也各有千秋。在社会化的运输范围内，各运输模式按其技术经济特点组成了一个分工协作、有机结合、连续贯通、布局合理的交通运输综合体。作为社会经济发展的条件和基础，交通运输布局是否合理，运输能力的大小和技术的应用水平都直接影响整个社会的运转，关系着整个国家的经济发展速度和发展水平。

从运输距离来看，城市轨道交通运输提高了人们市区通勤的便利快捷性，道路交通运输在中短途运输中表现出了明显的优势；对于较长距离的旅客运输来说，轨道交通运输以其准时性与气候不敏感性深受人们的喜爱；航空运输速度最快，两点之间的运输距离最短，适合远距离的运输，例如国际间的运输；水路交通运输主要担负时间不敏感的大宗、廉价货物的中长距离的运输以及部分旅游性质的旅客运输。

从技术来看，交通运输领域最大的特征是需要集成基础设施建设工程、信息工程、控制工程、通信技术、计算机技术等众多学科领域的技术成果，需要众多领域技术人员共同协作。

从发展模式来看，先进的电子传感技术、信息技术、人工智能技术、数据通信传输技术、大数据分析技术、网络技术、控制技术等新技术的出现推动了交通运输模式的发展。载运装备的动力推进技术发展包括从畜力到内燃机、内燃机到电气化，再到未来可能的新能源新型动力推进技术；载运装备的智能控制技术发展包括从人类驾驶到半自动驾驶、再到全自动无人驾驶技术,从轨道交通运输到通过电磁力实现列车与轨道之间的无接触的悬浮和导向等,体现了交通运输领域的不同发展模式。

下面分别从轨道、道路、水路以及航空 4 个交通运输领域展开分析。

(1) 轨道交通运输

轨道交通运输是使用列车运送货物和旅客的一种运输方式,是陆上基本运输方式之一。轨道交通运输具有列车行车时间间隔短、高密度运转、行车速度高以及列车编组辆数多等特点,其在运输能力、准时性和舒适性方面优于其他运输方式。

轨道线路固定成本高,原始投资大,建设周期长,其基础设备设施涉及面广,既涵盖桥梁、隧道、路基与轨道等基础设施,又包括信号设备、供电设备以及车辆等基础设备,一旦建成路网结构则调整困难。轨道交通运输能力大,适合于大批量低值产品的长距离重载运输,受气候和自然条件影响较小。轨道交通运输按列车组织运行,在运输过程中需要有列车的编组、解体和中转改编等作业环节,占用时间较长,因而增加了货物的在途时间;货物运输中的货损率较高,而且由于装卸次数多,货物损毁或丢失事故通常比其他运输方式多;不能实现"门对门"的运输,通常要依靠其他运输方式配合才能完成运输任务,除非托运人和收货人均有轨道支线。轨道交通运输如图 1-1 所示。

图 1-1　轨道交通运输

(2) 道路交通运输

道路交通运输是主要使用汽车在公路上运送货物和旅客的一种运输方式,它在中短途运输中的优势比较突出。城市道路主要担负着城市内部通勤和市民出行的运输任务,高速公路主要担负城市间、区域间的客货物运输。公路运输网一般比铁路、水路网的密度大，分布面广，在时间方面的机动性也比较大，车辆可随时调度、装运，各环节之间的衔接时间较短，尤其是对客、货运量的多少具有很强的适应性。道路运输可以把旅客和货物从始发地门口直接运送到目的地门口，实现"门到门"的直达运输。道路交通运量较小，运输成本较高，运行持续性较差，从安全性来说其危险性较高，环境污染较大。道路交通运输如图1-2所示。

图1-2　道路交通运输

(3) 水路交通运输

水路交通运输是一种使用船舶(或其他水路交通运输载运装备)通过各种水路运送货物和旅客的运输方式。作为开展国际贸易的主要方式，水路是国际发展经济和友好往来的主要交通工具。按照其航行的区域，水路交通运输大体上可分成远洋运输、沿海运输和内河运输三种类型。远洋运输通常指无限航区的国际间运输；沿海运输是指在沿海地区各港口之间进行的运输；内河运输则指在江、河、湖泊以及人工水道(运河)上从事的运输。

水路交通运输的主要特点是运量大、成本低，尤其适合担负对时间要求较弱的大宗、廉价货物的中长距离货物运输。由于所需要的劳动力与载运量并不成比例增加，所以劳动生产率相对较高。另一方面，水路交通运输受自然条件的限制与影响大、速度较低、适应性差、投资回收期较长、国际化经营竞争激烈且兴衰循环、运费收入不稳。水路交通运输如图1-3所示。

(4) 航空运输

航空运输是一种使用飞机(或其他飞行器)运送人员和物资的运输方式。它适合担负各大城市之间和国际间的快速客运以及报刊、邮件等对实效性要求高和昂贵、精密、急需货物的运输。航空运输尽管成本和能耗高，但具有建设周期短、运输速度快、受地形限制小等特点,常用于500km以上的长途客运和精密仪器、鲜活易腐货物等的运输。航空运输如图1-4所示。

图1-3 水路交通运输

图1-4 航空运输

1.2.2 交通运输领域关键业务

交通运输涉及的关键业务对整个交通领域、相关产业技术水平、产业质量和生产效率发挥着明显的带动作用,具有巨大的经济和社会效益。围绕基础设施建设、载运装备、运营管理与服务三方面,其关键业务主要如下:

在基础设施方面涉及的关键业务主要包括:智慧建设与高品质建造业务、基础设施建造和维修加固新型材料、基础设施全寿命周期设计建造维护、精细化地质勘察与施工安全风险评估、监测预警及事故快速追溯、交通信息能源设施网络融合、智能化维护保养等。

在载运装备方面涉及的关键业务主要包括：载运装备轻量化、清洁能源和新能源的应用、载运装备人机交互、智能汽车列车装备研发制造、智能感知与操控系统、高精度定位系统研发与应用、高性能增材制造、零部件设计与制造、载运装备混合动力、基于大数据的载运装备信息控制与一体化、耐低温材料制造与应用业务等。

在运营管理与服务方面涉及的关键业务主要包括：智能高效多式联运业务、运营安全综合保障与应急处置业务、交通信息融合、交通服务与管理一体化、网络信息安全管理、乘客等候区个性化智慧服务业务、全生命周期综合智能维护、系统全生命周期成本控制以及在途智能诊断预警和运维决策支持业务等。

1.2.3 交通运输领域服务模式

交通运输是国民经济结构中的先行和基础产业，是社会生产、生活组织体系中不可缺少及不可替代的重要环节。由各种运输方式相结合为一体的交通运输体系，作为一个社会经济大系统，其形成和发展有其自身的独特功能以及服务模式。

(1) 生产功能

交通运输体系虽然没有"实物产品"，只能以"人公里""吨公里"形式出现，但它是社会生产的必要条件。运输为社会生产和人民生活的正常进行提供保障与支持，货物运输与社会生产和人民生活密切相关；旅客运输满足了人们对便利出行的需求。运输系统创造就业机会，促进工业、旅游业及其他相关产业的发展；运输基础设施建设的乘数效应和引致投资作用拉动经济增长，港口、车站，尤其是港口被认为是"经济增长极"。旅客/货物运输功能是交通运输系统的基本功能之一，它直接关系到社会的生产、工作、生活和国际交往等各个领域，各种运输方式进入旅客/货物运输市场、参与市场竞争，可提高交通运输各领域的服务水平。

(2) 保障国民经济系统循环

交通运输作为国民经济中一个重要的物质生产部门，把社会生产、分配、交换与消费各个环节有机地联系起来，把城市间、城市与农村连接起来，是保证国民经济、人民生活、工农业生产得以正常进行和发展的前提条件。交通运输体系具有保障国民经济系统循环的功能，这种功能关系到国民经济的发展。

(3) 国际交流功能

交通运输可以把我国经济与其他国家、地区的经济发展有机联系起来，进而实现经济、技术、文化等方面的全方位国际交流。尤其是近些年来，针对跨境运输通道建设、推进跨境便利运输、推动我国交通运输企业"走出去"等具体事务,交通运输部门对外合作交流工作紧紧围绕服务国家外交大局和交通运输事业发展,不断深化双边、多边和区域合作,初步形成了全方位、多层次、宽领域的交通运输国际合作新格局,为维护国家利益、促进交通运输行业科学发展,发挥了积极作用。我国交通运输行业已走向五大洲,业务涉及远洋运输、交通基建、船舶检验、航海教育等众多领域。

（4）国防功能

交通运输具有经济和国防的双重意义,既是国民经济的基础产业,也是保障军队作战的生命线,具有很高的军事价值。此外,交通运输系统承载了军事装备与供给、军事调动等一系列战略价值。中外战争实践表明,出色的交通保障,能够保证战争胜利,而混乱和低效率的交通保障,往往导致战争的失败。因此,国防交通历来受到古今中外军事家的高度重视。

当然,不同的交通运输方式其服务模式也迥然不同。

在轨道交通运输领域,面向旅客出行的服务主要包括:乘客进站安检与引导服务、问讯服务、售检票服务、组织乘降、验票出站及应急与引导服务等;面向货物运输的服务主要包括:专项运输服务、重载运输服务和集装箱运输服务等。

在道路交通运输领域,面向旅客出行的服务主要包括:城市公共交通服务、城乡公共交通服务、城际长途客运服务等;面向货物运输的服务主要包括:一般货物运输服务、大件货物运输服务、危险货物运输服务、鲜活货物运输服务、贵重货物运输服务等。

在航空运输领域,面向旅客出行的服务主要包括:客票实名销售服务、快速安检服务、乘客值机服务、行李运输服务、特殊旅客运输服务等;面向货物运输的服务主要包括:联运方式服务、包机运输服务、班机运输服务和集中托运服务等。

在水路交通运输领域,面向旅客出行的服务主要包括:轮渡客运服务、游船客运服务、邮轮客运服务、游艇客运服务等;面向货物运输的服务主要包括:远洋运输服务、沿海运输服务、内河运输服务、湖泊运输服务等。

从交通运输多模式协同化来说,其服务主要包括:

①以资源配置为手段,统筹规划航空、铁路、公路、水路等骨干运输网络,建成适度竞争、协调发展的综合交通基础设施体系,实现安全便捷、高效畅通、绿色智能的综合交通运输服务,进一步发挥交通运输对经济社会发展的先行引导作用。

② 应用物联网技术,实时采集交通运行的静态和动态信息,整合监测视频、地理信息系统及其他各类检测源信息,借助智能交通信息服务业务模型,形成为公众和行业监管部门服务的信息服务平台,针对多种需求提供个性化功能,提高综合交通运输系统的运营效率和整体服务水平。

③ 建立有关部门和企业协同联动的工作格局,利用经济、市场和必要的行政手段,建立完善的政策引导机制,实现综合运输组织化的信息共享、统一标准规划和运输服务规则,以推进大宗货物运输"公转铁、公转水、铁转水"为主攻方向,扩大多式联运市场,加强"公、铁、水、航"等不同运输方式统筹规划建设和一体化组织,推动形成各种运输方式合理的比价关系。

1.3 交通运输领域技术架构与演化

交通运输系统按领域可划分为轨道交通运输、道路交通运输、水路交通运输、航空运输4个子领域。从功能上交通运输系统又可分为交通基础设施、载运装备、运营管理与服务。

本节分别从4个子领域中提出交通运输领域技术体系,主要包括技术体系架构、演化历程与模式。

1.3.1 交通运输领域技术体系

(1)道路交通运输技术体系

对于道路交通运输而言,基础设施是道路交通运输系统的基础,为道路载运装备的行驶和运行管理服务的实施提供必要的基础设施条件。**道路交通基础设施发展所涉及的关键技术包括**:道路和桥梁建造新型材料、跨海集群工程建造技术、交通基础设施精细化地质勘察技术、道路基础设施全寿命设计技术、水下结构物抗震减震技术、极端恶劣环境下道路设施建设与延寿技术、海工混凝土结构长寿命保障技术、道路交通安全智能感知与主动防控技术、交通基础设施智能化维养技术、绿色环保型宁静道路建设技术、工程创面生态修复技术等。

道路交通载运装备是提供交通运输服务的运输工具,依赖于交通基础设施运行,并需要运行管理服务提供支持。**道路交通载运工具发展所涉及的关键技术包括**:车辆绿色生产制造(柔性制造、车用材料、轻量化)、清洁动力系统(清洁内燃机、高效变速器)、安全与舒适性设计技术(被动安全、振动与声振粗糙度)、车辆智能化技术(驾驶辅助、自动驾驶)、车辆网联化技术(车载通信、车路协同、车车协同)、新能源车辆技术(纯电动、燃料电池、混合动力)等。

道路交通运行管理服务系统是道路交通运输系统安全、高效运行的保障。**道路交通运行管理服务系统发展所涉及的关键技术包括**：道路交通场景目标全息感知技术、云端交通服务与管理一体化关键技术、综合交通运输网络协同运行与风险防控技术、互联网交通安全综合服务管理关键技术、自动驾驶车辆交通安全测试认证技术、智能高效旅客联程运输服务关键技术、车车/车路协同技术、交通信息能源设施网络融合关键技术、汽车运行在途智能诊断预警和运营维护决策支持技术等。

(2)轨道交通运输技术体系

对于轨道交通而言,轨道交通系统交通基础设施、载运装备以及服务与管理三方面的技术相互支撑,互为补充。

轨道交通基础设施作为轨道交通系统的承载体,是轨道交通系统的基础,为轨道交通载运装备和运行管理服务的实施提供必要的基础设施条件。**其发展所涉及的关键技术包括**：轨道交通设施设备自修复技术、数据驱动的轨道交通线网智能规划与决策技术、轨道交通线路远程化勘察测绘技术、轨道交通基础设施全寿命周期的设计建造维护一体化技术、轨道交通环境友好的新型建造技术、高寒山区高速铁路基础设施运行状态监测与养修技术、高寒山区铁路建设关键技术、地下工程穿越高速铁路精细化控制技术、轨道健康状态在线监测评估与智能维护技术、新型轨道结构技术、高速铁路路基沉降监测与修复技术等。

轨道交通载运装备是轨道交通运输系统的核心移动装备,通过基础设施实现轨道交通的位移功能,同时又是运营管理的主要对象。**其所涉及的关键技术包括**：列车电磁防护与控制技术、新型动力的列车驱动技术、轨道交通列车柔性制造技术、低成本高耐用车体复合材料技术、高效大功率储能与转换技术、高精度轨道交通列车定位技术、超高速列车关键技术、高速列车关键系统服役性能状态表征与动态感知技术、基于车车通信的列车运营控制技术、面向重载铁路的移动闭塞控制技术等。

轨道交通服务与管理是轨道交通运输系统的核心,是保障基础设施和载运装备功能实现的灵魂。**其涉及的关键核心技术包括：**轨道交通互联互通技术、基于交通流信息流能源流耦合的轨道交通协同优化运输组织技术、轨道交通系统安全控制技术、轨道交通运营安全综合保障与应急处置技术、区域轨道交通网络一体化协同运营与服务技术、现代有轨电车协同运行智能管控技术、轨道交通网络客流管控与安全风险防范技术、轨道交通车站个性化智慧服务技术等。

（3）水路交通运输技术体系

在水路交通运输领域，水路交通运输技术体系由港口、航道等基础设施相关技术，各类船舶等运载装备相关技术以及实现船岸之间、船船之间、岸岸之间信息交互等服务与管理技术组成。

水路基础设施方面，港口、航道的关键组成技术包括：离岸深水港建设关键技术、岛群中建港水动力关键技术、粉沙质海岸泥沙运动规律及航道防淤减淤技术、淤泥质海岸建港及适航水深技术、远海岛礁港口码头建设技术、高等级航道网通航枢纽及船闸水力学创新技术、内河航道长河段系统治理技术、山区河流两坝间航道治理关键技术、大型河口深水航道建设与治理技术、内河航道岸坡生态治理技术、沿海高桩码头健康监测与信息处理关键技术等。

水路载运装备方面，各类船舶等运载装备的关键组成技术包括：智能航行操控技术、智能船舶一体化信息技术、船舶能源与动力系统智能管理技术、船舶智能监控系统技术、船舶自动靠泊及装卸技术、船体线形智能设计与优化技术、绿色船舶设计及优化技术、船舶污染防控与节能技术、船舶压载水生物入侵防控技术、船舶减振降噪技术、船舶动力系统设备轻量化技术、船舶甲板机械轻量化设备技术、船用燃料电池动力系统技术、船舶燃料多元化应用的关键技术、船舶清洁替代能源技术、船舶风能利用技术、船舶生物柴油利用技术、高效推进与定位技术、极地船舶设计开发技术、大中型邮轮设计建造技术、特种船舶优化设计技术、船用耐低温材料技术、船舶海上实尺度测试技术、在线监测及风险评估技术、冰力学特性与冰水池试验、冰水动力性能预报技术等。

水路交通服务与管理方面，关键组成技术包括：船舶动力系统振动噪声实时监测及故障诊断技术、智能船舶遇险救助技术、船舶运输安全保障技术、船岸网络信息安全管理技术、智能货物管理系统技术、船舶机舱智能维护技术、基于大数据的综合航道控制系统技术、航运系统大数据资源的多维组织及系统构建技术、多式联运技术与现代海运网络等。

(4) 航空运输技术体系

航空运输作为国家战略性先导性产业,具备典型的规模化、高附加值、高成长性等特点,是国家科技水平和综合国力的反映。航空运输系统由航空器及其运用、机场设施、空中交通管理与航空公司运营服务等构成。

在航空基础设施方面,机场设施包括陆地或水面上供飞机起飞、着陆和地面活动使用的划定区域(含附属建筑物、装置和设施),**涉及的关键技术包括**:民航安保资讯系统智能检索和视频智慧监控技术、行李全程追踪技术、复杂事件处理技术等。

在航空载运装备方面,航空器运用包含航空器设计、制造、运行品质监控与维修等,航空器制造是核心,也是整个航空运输业的基础,需要通过研究和应用各种综合化、交叉性的技术,制造出适用于各种目的和使用条件的航空器以及配套的设备,**涉及的关键技术包括**:气动减阻技术、动力与推进技术、声爆预测及降噪技术、发动机增效减排技术、新型复合材料技术等。

在航空服务与管理方面,空中交通管理(简称"空管")系统是国家实施空域资源管理、保障空中飞行安全、实现航空运输高效有序运行、捍卫国家空域权益的核心系统,民航空管系统是民用航空运行体系的中枢;航空公司运营服务是航空公司组织和指挥飞机运行、协调和实施运输生产计划的枢纽,是实现安全、高效运行并产生经济效益的核心,**涉及的关键技术包括**:航空宽带通信技术、航空精密导航技术、广域精准监视技术、数字化协同管制技术、空域容流均衡技术、四维航迹冲突调控技术、无人机/有人机混合运行技术等。

1.3.2 交通运输领域演化历程与模式

科学的突飞猛进给我们的生活、意识带来了史无前例的变化。科学与技术相互融合、相互促进,新技术的出现和发展往往依赖于最新的科学成就。我们的时代是时空时代、信息时代、新生物时代、新能源时代和新材料时代共存共进的时代,时代的发展和科学技术的进步带动了交通工具的发展,陆地上的汽车和列车、海洋里的轮船、天空中的飞机,大大提高了人们的活动范围,人们的生活也越来越方便、快捷。火箭和宇宙飞船的发明使人类探索另一个星球的理想成为现实,透过水陆空交通工具与模式的演变历程,可以更加深刻地体会到中国社会的变迁,可以更清楚地感受到中国的发展速度。也许不远的将来,人类可以实现太空旅游观光,去地球以外的其他星球参观学习了。交通运输系统发展历程回顾如图 1-5 所示。

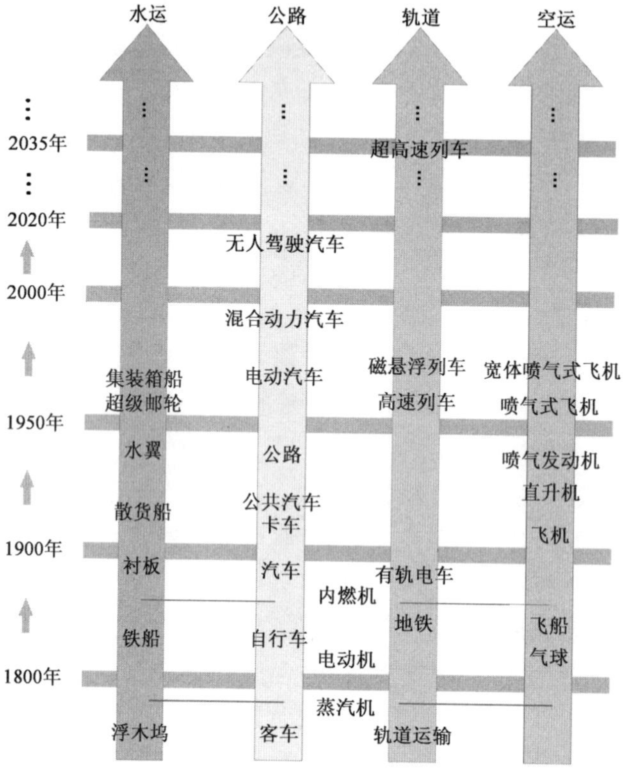

图 1-5 交通运输系统发展历程

(1) 前机械化时代

早期，人类还没有"交通工具"这一名词，那时人们主要是靠步行来相互走访联系、运输物品，造成相对距离较远的两地无法很好沟通，人们不能相互交流融合，沟通的不便利使得当时的科技、政治、经济等都很不发达。最原始的交通方式如图 1-6 所示。

后来，随着社会的发展，人们逐渐地驯服一些动物，如马、骆驼等，就有了马车等畜力交通工具，这也算是交通工具史的一个"巨大"飞跃了，这也相对地促进了部落间、朝野间的交流，促进了社会的进一步发展。该阶段载运工具的使能/赋能技术是生物质能源、材料、机械制造，通过畜力交通，利用生物质能源，形成了农业文明。马车与驼队如图 1-7 所示。

图 1-6　最原始的交通方式

图 1-7　马车与驼队

世界上第一批实用型的自行车出现于 19 世纪初。1817 年,德国人德莱斯在法国巴黎发明了带车把的木制两轮自行车。自行车问世后迅速成为受人们青睐的交通工具。自行车如图 1-8 所示。

图 1-8　自行车

之后不久,水上的交通工具也逐渐成形,以风作为动力的帆船作为一种交通工具与畜力交通工具长期并存,促进了社会的飞速发展。风力帆船如图1-9所示。

图1-9 风力帆船

(2) 机械化时代

世界上第一台蒸汽机是由古希腊亚历山大港的希罗(Hero of Alexandria)于公元1世纪发明的汽转球(Aeolipile),这是蒸汽机的雏形。1698年托马斯·塞维利和1712年托马斯·纽科门制造了早期的工业蒸汽机,他们对蒸汽机的发展都做出了自己的贡献。1807年罗伯特·富尔顿第一个成功地用蒸汽机来驱动轮船。瓦特运用科学理论,逐渐发现了这种蒸汽机的缺点所在。从1765年到1790年,他进行了一系列发明,比如分离式冷凝器、汽缸外设置绝热层、用油润滑活塞、行星式齿轮、平行运动连杆机构、离心式调速器、节气阀、压力计等,使蒸汽机的效率比原来纽科门机提高了3倍多,最终发明出了工业用蒸汽机。

在陆路交通方面,人们开始研制一种能以蒸汽机推动车辆快速行进的运输工具。其中,英国的史蒂芬孙(George Stephenson,1781—1848年)率先取得了突破性成果。1814年,他研制的第一辆蒸汽机车"布拉策号"试运行成功。1825年9月27日,史蒂芬孙亲自驾驶他同别人合作设计制造的"旅行者号"蒸汽机车在新铺设的铁路上试车,并获得成功。蒸汽机在交通运输业中的应用,使人类迈入了"火车时代",迅速地扩大了人类的活动范围。

蒸汽机有很大的历史作用,它曾推动了机械工业甚至社会的发展,解决了大机器生产中核心关键的问题,推动了交通运输空前的进步。同时,工业革命的产生一部分原因是因为蒸汽机的改良,而蒸汽机车也是因为蒸汽机的改良以及后人的应用而产生的。当时英国鼓励发明,并且在人口增加需要增加生产速度之时,便开始有人努力地改进当时的生产设备,而瓦特改良蒸汽机导致的一系列技术革命,引起了从手工劳动向动力机器生产的转变。因此,蒸汽机的改良是促成工业革命的原因之一。而蒸汽机车是一种以蒸汽引擎作为动力来源的铁路机车,因此若没有蒸汽机的改良便不可能有这项交通工具的诞生。蒸汽火车和蒸汽轮船如图 1-10 所示。

图 1-10　蒸汽火车和蒸汽轮船

蒸汽火车与蒸汽轮船现在已经基本淘汰,中国的蒸汽火车于 2009 年 10 月正式退出了历史舞台。机械化时代的使能、赋能技术是通过热力驱动将新材料与机械制造相结合,蒸汽机燃烧化石能源,促使人类第一次工业革命的形成。

(3) 电气化时代

电与磁之间的相互转化为电动车的发展奠定了理论基础。19 世纪 80 年代中期,德国发明家卡尔·本茨提出了轻内燃发动机的设计,这种发动机以汽油为燃料。内燃机的发明解决了交通工具发动机的问题,引起了交通运输领域的革命性变革。电气化时代的使能、赋能技术是将内燃机制造技术结合材料、石化工业技术,通过燃烧二次能源,促使人类形成了第二次工业革命。19 世纪晚期,新型的交通工具——汽车出现了。19 世纪 80 年代,德国人卡尔·本茨成功地制成了第一辆用汽油内燃机驱动的汽车,与此同时,许多国家都开始建立汽车工业。随后,以内燃机为动力的内燃机车、远洋轮船、飞机等也不断涌现出来。1894 年,德国研制成功了第一台汽油内燃机车,并将它应用于铁路运输。1903 年 12 月 17 日,美国的莱特兄弟制造的飞机试飞成功,实现了人类翱翔天空的梦想,预告了交通运输新纪元的到来。早期汽车、火车、飞机和轮船如图 1-11 所示。

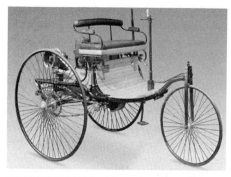

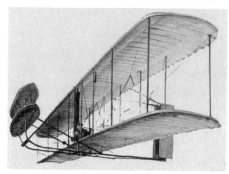

图 1-11　早期汽车、火车、飞机和轮船

(4) 智能化时代

智能化时代是信息高度发达、软、硬件高度自动化、各学科综合发展并突飞猛进的时代，它对人类创新能力的挑战是巨大的。在智能化时代，智能识别、计算机辅助计算分析、系统自动控制已经成为核心技术，智能化时代将人从繁忙的操作中解放出来，机器代替了人工，为人们的生活带来了极大的便利。在交通运输领域，智能化技术也展现了其应有的价值。智能化时代将电子信息技术、机械制造技术、信息技术相结合，通过消耗二次能源，使出行更加快速、高效、安全，从而促使第三次产业革命的到来。

无人驾驶就是智能化时代的产物，它将传感器物联网、移动互联网、大数据分析等技术融为一体，从而能动地满足人的出行需求。新能源汽车是智能化时代的典型产物，它是指采用非常规的车用燃料作为动力来源（或使用常规的车用燃料，采用新型车载动力装置），综合车辆的动力控制和驱动方面的先进技术，形成的技术原理先进、具有新技术、新结构的汽车。无人驾驶汽车与新能源汽车如图1-12所示。

图1-12 无人驾驶汽车与新能源汽车

此外,高速公路自动收费系统(ETC)、自适应信号控制系统等也都是智能化时代的产物。其中,自适应信号控制系统是一种智能型交通控制管理系统,主要用于大中城市道路交通信号系统优化协调控制。它通过检测器检测到交通流信息,然后将这些数据实时地通过网络传到上位机,上位机实时产生最佳的绿灯配时方案,并付诸实施,可以使一段时间内车辆通行量最大,或者使其他交通控制评价指标(如延误、停车次数)等最小。这种控制方式适合于区域管理或干线协调时使用,上位机可以对多个路口信号机进行协调,使其运行方案可以根据交通流的变化而自适应地调整,从而提高整个区域或干线上的运行效率。ETC系统与自适应信号控制系统如图1-13所示。

图1-13 ETC系统与自适应信号控制系统

1.4 本篇内容框架

本篇主要包括五方面内容：①交通运输领域特征分析、关键业务、服务模式；交通运输领域技术体系架构、演化历程与演化模式。②交通运输领域技术发展总体态势，包括技术发展现状、技术方向以及影响交通运输领域技术发展趋势的关键技术方向。③交通运输领域新技术集合、近年来产生的新技术集合、可能对交通运输领域产生影响的变革性技术集合。④交通运输领域前沿和热点技术的内涵、交通运输各领域前沿和热点技术方向、提炼出了最具全局影响的前沿技术和热点技术。⑤结论。图 1-14 为本篇主要讲述的交通运输领域前沿热点技术内容框架。

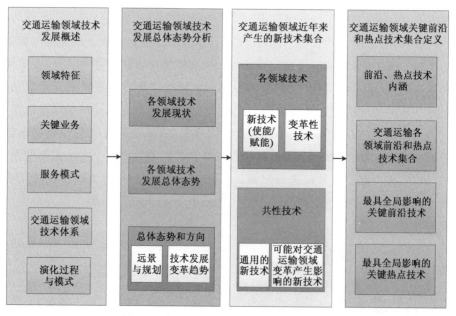

图 1-14 交通运输领域前沿热点技术内容框架

通过对交通运输领域各模式及综合交通方向辨识确定具有方向引领意义和前沿地位的技术热点，形成对交通运输模式驱动的前沿技术和技术热点的内涵、作用和形态系统描述，对新的跨领域变革性技术和技术热点对交通运输系统技术和模式变革的影响、作用方式以及交通运输新技术的形成做出准确判断和预测，为交通运输领域科技创新方向和任务布局提供基础依据。

2 交通运输领域技术发展总体态势分析

2.1 交通运输各领域技术发展现状

近年来,在国家相关规划与政策的支持和交通技术应用市场的健全与完善下,我国交通运输领域技术发展日渐成熟,传统技术研究逐步深入,众多新兴技术、跨领域技术被提出并研究应用,形成了研究与应用并重、多领域交叉的交通技术群,在总体上接近世界先进水平。以下从载运装备、基础设施、交通运营管理与服务等3个方面总结世界发达国家与我国交通运输各领域技术发展现状。

2.1.1 轨道交通领域

轨道交通系统作为一个由复杂技术装备组成、在复杂环境中运行并且具有复杂时空分布特征的位移服务的整体,是一个复杂的网络化系统。在该领域相关技术已取得了长足的发展,形成了一系列关键技术与科技创新成果。

在载运装备方面,从世界轨道交通技术发展水平来说,智能列车设计与制造的轮轨动力学、空气动力学等方面已经取得了很丰富的成果,关键技术得到了长足的发展,载运装备已向无人化、多栖化、绿色化与清洁化等方面发展。轨道交通系统作为大运量的公共交通系统,对运行时的低噪声、低振动、低电磁辐射、低能耗有较高要求,特别是城市轨道交通系统需要在城市内穿行,对噪声振动辐射的水平要求更高。作为工业产品,车辆在制造和报废过程中也需要实现低污染、高回收。目前围绕绿色环保的轨道交通技术研究工作主要体现在提高列车轻量化水平、降低车外噪声水平、提高列车电磁兼容性能等技术,降低车辆内饰有害气体排放、提高能量再生率及报废回收比例等方向。围绕系统经济性的提升主要体现在:牵引传动系统效率提升技术、灵活编组及高低速车辆混跑技术、装备轻量化技术及列车全寿命周期设计与管理技术等。**从我国轨道交通技术发展水平来说**,我国铁路在技术体系的完整性、载运装备建造和运营规模总体上已经跨入世界先进水平行列。形成了适应各种运行环境、满足多样化需求的系列化、多样化、多制式产品谱系的列车装备,已全面掌握了先进轨道交通装备系统集成、车体、转向架、牵引变压器、牵引变流器、牵引电机、牵引控制、网络控制、制动等九大关键系统的核心技术;关键系统和重要部件自主化、国产化水平不断提升。围绕列车基础零部件和材料的制造,结构强度及服务可靠性、故障导向安全设计技术、被动防护安全设计技术、防灾减灾、远程监控及诊断技术等基础理论和设计技术,仍然具有一定的挑战,技术发展水平相对世界发达国家而言具有一定的差距。

在基础设施设计建造方面,从世界轨道交通技术发展水平来说,线网运营规模以及基础设施施工建造、基础设施运营维护等相关技术发展已经相对成熟。从我国轨道交通技术发展水平来看,我国已基本建成"四横四纵"高速铁路骨干网,"八横八纵"高速铁路网建设全面展开,同时形成了包括高速铁路勘察、测绘、选线和设计在内的较完备的技术体系和标准规范体系,在技术体系的完整性、基础设施建设和运营规模等方面总体处于世界领先水平。在轨道交通运输网络基础设施的大规模建设过程中,建造技术已经由最初明挖施工法发展到盾构施工、暗挖施工等多种施工方法,并逐步向装配式绿色建造技术发展;轨道交通轨道基本实现全线天窗期检测,隧道、桥梁逐步开展实时在途运维监测工作;基础设施和设备运行管理信息化系统逐步建设完善,信息化发展水平显著提高。然而,如何使基于智能化、一体化技术和特种仪器设备的研发与轨道交通基础设施相匹配,仍然处于发展和应用的初级阶段,从物联网、数据融合与挖掘等新兴技术角度的应用来看,我国与国际先进水平存在较大差距。

在运营管理与服务方面,从世界轨道交通技术发展水平来说,在网络化运营管理和服务技术方面,全自动运行技术(FAO)、列车运行控制技术等方面已得到成熟应用。从我国轨道交通技术发展水平来看,在轨道交通运营健康评估、协同预警技术体系和装备,RAMS(Reliability, Availability, Maintainability, and Safety)工程技术体系和应用模式以及互联互通运营与全网跨线运输技术等方面,我国相对于世界发达国家仍处于跟跑阶段。铁路运输领域已形成以计算机辅助技术和互联网技术为主的运输组织、运营管理和客货运服务等各业务技术信息化系统体系,具备了研发、集成、制造、交付和运维的体系化能力,与国际水平相比,总体上实现了从跟跑到并跑的转变。城市轨道交通运营由单线运营发展至网络化运营阶段,并逐步形成以轨道交通线网客流需求和车站客流感知为基础的人-车-网协同运营管理技术；以 CBTC(基于通信的列车自动控制系统)为代表的我国列车运行控制技术逐步得到应用；以北京燕房线为代表的城轨全自动运行系统是继城轨装备国产化工作后的一个新的转折点，是在城轨交通自主化、智能化发展过程中的里程碑事件，已达到世界同类技术水平。

2.1.2 道路交通领域

在道路交通运输领域，国内外都呈现出快速的技术发展态势。国外相关研究在20世纪60年代开始投入，在20世纪80年代逐渐兴起；而我国在20世纪90年代才开始投入相关研究，于21世纪后快速发展。

在载运装备方面，从世界道路交通技术发展水平来看，智能辅助驾驶技术在道路载运装备领域发展迅速，国内外企业已能够提供成熟的辅助驾驶技术及产品；与新能源汽车相关的技术体系在国际上也已经得到了长足的发展。但具备多维车-路协同和网联化特点的道路交通体系还有待开发。**从我国道路交通技术发展水平来看**，在载运装备的动力系统、电子电控、整车设计制造方面，我国整体汽车技术水平与欧、美、日等汽车强国的差距较大，因而仅能占据低端市场，上升困难；关于整车生产制造、动力系统、电子电控技术，我国正在逐渐加强并不断缩短与发达国家的差距，车辆智能化与网联化技术快速发展，并逐渐与发达国家形成齐头并进之势，新能源车辆技术实现突破式发展并在若干领域形成领先优势。

在基础设施设计建造方面，从世界道路交通技术发展水平来看，相关基础设施的设计、建造及维护技术取得稳步发展，特大桥梁、特长隧道等重大工程建设总体技术水平已经达到比较成熟的发展阶段。但目前道路交通基础设施建造、运维智能化水平仍然相对较低。针对道路环境、道路交通基础设施服役状态以及道路交通运营状况等方面的全时域立体监测感知网络尚未建立。道路交通基础设施建造、管养过程中对大数据、物联网等智能化、信息化技术利用不足。**从我国道路交通技术发展水平来看**，原创性理论与技术仍然较少，新材料、核心技术、核心装备与发达国家差距较大，特殊地域环境下公路建造和养护技术匮乏，公路基础设施建养中的安全性能提升不足，智能化、绿色化水平较低。绿色交通体系以及相应的道路建设技术尚未完全成熟。环保型路面技术并未完全代替传统沥青路面技术，道路建筑材料资源循环利用技术缺乏具体规范，生态高速公路建设理念依然未得到推广。绿色交通的设计、管理、运营和养护的体系不够健全，绿色出行一体化的建设任重道远。

在道路交通运营管理与服务方面，从世界道路交通技术发展水平来看，道路智能化信息化监管技术、高效安全交通管控技术、道路交通治理与信息化技术、信息化执法与车辆监控技术得到大规模应用并已经取得了丰硕的成果，但有关道路交通应急处置的智能化、体系化、标准化水平仍有待提高。从我国道路交通技术发展水平来看，已构建了内外网全覆盖、线上线下结合、服务管理一体的道路交通监管技术体系，实现了全国车管所、交警队、执法站及各类交通监控设备的联网。但我国道路交通安全基础理论、道路交通控制算法、道路场景感知芯片等核心技术，与国外相比存在较大的差距，特别是交通场景目标全息感知和交通事故预测预警等技术与实际需求脱节，制约了城市交通信号精细化控制和公路交通安全精准化管控等技术创新。另外，我国目前仍缺乏预防和减少交通事故的针对性措施，智能化车流引导、应急救援一体化管理系统尚未完善。道路交通运输领域资源整合、集约利用不足。围绕道路资源整合、集约利用方面，目前我国虽已逐步推进废旧资源在道路交通运输领域的有效利用，但仍存在标准化不足、利用率不高、耐久性不够等问题。

2.1.3 航空运输领域

在航空运输领域，基于性能的通信、导航、监视技术研究，尤其是从航空运输管理 ATM（空中交通管理）系统的所需性能出发制定通信、导航、监视相应的规则，以及开发相应的技术已得到国内外广泛关注。同时，国际民航组织提出了新的"全球空管运行概念"，其主要特点是建立网络、交互、共享的分布式系统平台，使航空运输参与各方在确保安全的前提下提高系统总体运行效率。在此概念基础上，世界许多国家和地区依据自身情况和未来发展需要开始规划和建立新一代航空运输管理系统，以适应国民经济和航空发展新的要求。

在载运装备方面，从世界航空运输技术发展水平来看，美国和欧洲航空工业技术先进、产品种类齐全、供应体系最为完备，民用飞机制造和机载设备制造较为成熟，在空气动力学、材料学、航空电子和发动机技术等方面有着深厚的技术储备底蕴。在国际民航方面，基于性能的导航（PBN）这种新型运行概念，结合航空器的机载设备能力与卫星导航等先进技术，涵盖了从航路、终端区到进近着陆的所有飞行阶段，提供了更加精确、安全的飞行方法和更加高效的航空运输管理模式。从我国

航空运输技术发展水平来看,尽管航空运输业的发展保持了稳中有进的良好态势,但总体技术水平在国际上依然处于跟跑状态。民用飞机产品核心技术发展依然主要跟随欧美等发达国家,国产民用飞机产品智能化水平和竞争力较弱,相关技术创新能力相对不足,大型飞机研发制造能力与美国差距30年以上。目前我国大型民用飞机产业还处在成长的第一阶段,大型民用飞机主流产业技术体系、技术能力体系和主流生产经营模式正处于建设期;在双通道宽体客机领域还属于前期论证和预研阶段,而对未来新概念非常规布局飞机的研究较为分散。同时,我国航空的技术储备相对薄弱,虽然在飞机制造能力方面有了很大的提高,但在基础材料研究和制造工艺等先进航空制造技术方面与世界航空工业的先进水平相比还有较大的差距,急需对新材料、新结构加工、成形技术、数字化制造技术等新一代飞机先进制造技术进行创新。

在基础设施设计建造方面,从世界航空运输技术发展水平来看,机场系统建设相关技术,以及特殊复杂条件下的机场建设技术已取得了一系列的成果。**从我国航空运输技术发展水平来看**,我国运行保障能力及飞行区资源使用率不足,机场核心基础设施大部分依赖进口,总体处于跟跑状态,机场建设、运行、管养、维护与美国等发达国家相比差距在10年左右。尽管我国机场建设已取得长足进展,但机场布局尚不完善、机场建设相对滞后,基础设施保障水平有限,同等资源条件下运力不足,降低机场能耗和环境影响的新型技术发展缓慢,未来仍将面临大规模的机场建设及扩容增效。在机场规划设计领域,由于缺乏先进的理念做指导,机场规划设计更多的是基于实践经验,缺乏战略眼光,没有从宏观角度建立机场规划的综合分析、评判指标体系;受当前发展水平所限,在建设以机场为中心的一体化综合交通枢纽方面,尚缺乏经验和理论方法研究;机场工程设计理论落后,缺乏先进的设计指标体系和计算方法;在一些前沿技术领域,如机场建造数字化、机场节能环保、机场应对恶劣气候、机场智慧化等方面,国内尚处于起步阶段。

在航空服务与管理方面,从世界航空运输技术发展水平来看,基于大数据人工智能的空中管理仿真平台技术已得到广泛关注。各航空强国下一代空管系统的规划都涉及许多新的运行概念和技术,美国、欧洲都搭建了相应的空管新技术仿真平台,如美国联邦航空局的 NIEC(NextGen Integration and Evaluation Capability),空中客车公司和 Sopra Steria 联合搭建的仿真平台 SVS(Shared Virtual Sky)等。**从我国航空运输技术发展水平来看**,空管飞行校验技术与国外水平相当,空管通信导航监视技术与空管运行服务技术总体与美国相比差距在15年左右。在运营管理技术方面,传统陆基空中交通管理系统运行效率和空域资源利用率低,飞行流量协同管理技术和相应系统平台发展并不成熟,且容易发生事故征候甚至导致飞行事故,逐渐难以满足日益增长的航空运输需求,成为制约中国民航持续发展的主要瓶颈之一。我国东部飞行繁忙地区流量日渐饱和,有限的空域资源和飞行量的矛盾日益突出;而西部地区飞行航线大多在高原和荒漠地区,陆基监视设施保障严重不足,严重影响运行效率,甚至危及飞行安全。与此同时,随着我国低空空域的逐步开放,通用航空飞行需求将急剧增长,无人机等航空运输新业态呼之欲出。

2.1.4 水路交通领域

在载运装备方面,从世界水路交通技术发展水平来看,绿色环保船舶越来越成为人们关注的焦点。国际新公约、新规则、新规范包括压载水公约、EEDI(Energy Efficiency Design Index)标准、拆船公约、SO_x和NO_x排放新标准等陆续推出和生效,船舶朝着环保型、绿色化方向发展,即在船舶的全生命周期内(设计、建造、营运、拆解),尽可能减少资源和能源的消耗,促进海洋经济可持续发展。在船舶智能化层面,从自动化、智能化的动力系统、甲板机械系统到全船能效管理系统、综合船桥系统以及正在研究开发的无人驾驶船舶等均是智能化技术在船舶领域的深化应用。目前,日本、韩国、中国及欧美国家的不少船级社、造船及船机企业都积极投身于智能船舶的研制,日本船级社成立了海事大数据中心,联合IBM(国际商业机器公司)开发了相关软件,可以通过收集机舱发动机、泵及温度传感器的实时数据进行分析,从而提供设备优化和维修等建议;韩国现代重工与著名的网络服务企业埃森哲合作,构筑将船舶、港口、海运、运载的货物、海陆货运物流等信息连为一体的智能船舶联网系统。在配套系统集成技术发展层面,近年来国际知名企业纷纷开展海洋运载装备系统集成技术研究,结合专业优势将相关设备打包供应,提供整体的集成解决方案。当前系统集成技术研究应用主要包括动力系统集成技术、甲板机械系统集成技术、通信导航系统集成技术、电气及自动化系统集成技术等。目前,瓦锡兰、利勃海尔、康士伯等众多企业均具备提供相应系统集成供货的能力。随着欧盟"工业4.0"的发布,德国研发推出了一套客渡轮集成航海控制系统和集成自动化系统,航海控制系统主要用于主雷达的指挥操作、航向自动控制及航线规划等;自动化系统主要用于控制所有机械,包括增强船舶电力管理和紧急切断的能力。同时,ABB集团推出的节约型邮轮电力推进系统,可朝任何方向自由推进,不需要舵、船尾推进器等,该套推进系统集成技术被广泛应用于邮轮和冰级船的设计建造中。

从我国水路交通技术发展水平来看,主流船型已逐步形成全系列船型研发能力,高端船舶产品研制取得重大突破,万箱级大型集装箱船、大型液化天然气船等高技术船舶批量承接建造,极地船舶等前瞻性船型开发取得重要进展。但与日韩先进企业相比,部分主流船舶产品在环保、动力等性能指标上仍有一定差距,尚不完全具备气体运输船、汽车运输船、破冰船等船型研发设计能力,高端化、大型化、智能化船舶配套设备及系统主要依靠引进国外专利技术进行生产,自主创新和研发能力薄弱。我国虽然在传统的三大主流船型的开发和优化上已达到并跑的状态,但是在高技术船舶领域仍以跟跑为主。在主流船舶的设计和建造方面主要对标对象是日韩,近些年差距已经逐渐缩小,目前来看只有3~5年的差距,但在船舶关键配套和高技术船舶的设计建造方面,仍与欧美国家相差15年左右。我国在国际上的话语权逐渐增强,但在关键配套技术、高端设计技术和先进制造技术领域仍面临着欧美和日韩国家的标准封锁。

在基础设施设计建造方面,从世界水路交通技术发展水平来看,发达国家已经形成以信息技术为核心,以运输技术、自动化仓储技术、库存控制技术、包装技术等专业技术为支撑的现代化货物管理技术格局,其货物配置管理技术发展趋势表现为信息化、自动化、智能化和集成化。在涉及港口建设方面,如港口货物智能配置技术、海岛深水港口建设关键技术、港口效能提升及新能源利用关键技术,国外已有初步研究。例如:在海岛深水港口建设技术方面,国外离岸深水港水工建筑物多采用全直桩的组合桁架结构、导管架结构及复合式结构(如桩基-重力式复合结构和重力式-桁架复合结构)。在港口安全性能提升与应急关键技术方面,高等级灾害应急码头在美国、日本、挪威、荷兰等国家已有初步研究,但未形成系统研究成果。在航道与通航设施技术方面,包括航道信息化技术、整治与养护、航道法规标准与管理决策、船闸及升船机技术等关键技术,国外利用卫星定位、航测遥感和计算机辅助设计集成技术,极大地提高了交通规划、勘测设计的效率和质量。**从我国水路交通技术发展水平来看,**我国建成了全球规模最大、自动化程度最高的码头,实现了集装箱装卸、水平运输、堆场装卸环节全过程的智能化。但是,从整体上看,我国大部分港口自动化、信息化程度低且难以实现数据交换、信息共享;港口物流联盟少、效率低,物流成本高;配套设施不健全,港口现代化服务能力与发达国家仍有差距。目前我国智慧港口建设的主要瓶颈是信息化不足,存在着港口业务系统信息分散、管控系统相脱节、物流产业链联动不足、管理体制的保障力度尚弱等问题,新能源技术发展欠缺,部分资源未能合理利用。在我国港口产能过剩的当下,未来港口的综合实力提升尤为重要,主要体现在高效安全、节能低耗的运行模式。在航道整治方面,针对长江中游航道整治工程特点,已开展深水沉排、顺水流方向沉排、逆水流方向沉排、基于水下摄影的隐蔽工程技术、内河先进的多波束扫测系统等关键技术试验研究。在船闸及升船机技术方面,我国内河通航建筑物发展的主要自主创新包括:提出了一系列船闸水力学重要参数的精确计算公式,构建了船闸精细化设计理论和方法;建立了枢纽通航安全评估新方法,发明了改善水沙条件的菱形导流墩和扇形分流墩群;首创倒口消能无镇静段船闸集中输水系统,提出适应小水深的新型闸墙长廊道侧支孔分散输水系统;创建和提升了非恒定流空化模拟研究平台,解决了高水头单级船闸阀门空化这一世界难题;建立了以精确计算船舶下沉量为理论基础的船舶过闸吃水控制新标准。

在服务与管理方面,从世界水路交通技术发展水平来看,在水路物流技术方面,传统航运与物流企业纷纷主动拥抱智能时代,向智慧物流转型升级。在水路物流智能决策技术方面,利用机器学习等技术来自动识别人、物、设备、船的状态和学习优秀的管理及操作人员的指挥调度经验与决策等技术的研究工作已经提上日程。未来将会通过机器学习,使运营规则引擎具备自学习、自适应的能力,能够在感知业务条件后进行自主决策,从而能实现智能运营规则管理。此外,水路物流优化管理技术、航运物流集装箱全链条定位技术目前已经有了一些应用,但在预测精度上仍有很大提升空间,需要扩充数据量和优化算法。从我国水路交通技术发展水平来看,在航道信息化方面,以长江为代表的内河航道信息化水平不断提升,以AIS(Automatic Identification System)船舶识别系统、GPS(Global Positioning System)定位系统、水文监测系统等构建的内河航道信息化工程,实现航道要素、航行、能耗数据的采集,长江电子航道图为建设长江"数字航道""智能航道"打下了坚实基础。在智慧物流技术方面,与国外相比,当前物流企业对智慧物流的技术瓶颈主要包括物流数据、物流云、物流设备三大领域,包括机器人与自动化技术、智慧数据底盘技术以及物联网技术等。

智慧物流已然成为物流业的新风口、交通与物流企业转型升级的新航向。在航运物流服务技术方面，基于区块链技术的物流管理已提上日程。在船舶智能配载技术方面，船舶智能配载是提高水路物流效率和服务水平的有效途径之一，以集装箱船为例，其优化配载是海上集装箱运输的重要环节。目前基于 AI（人工智能）的船舶智能配载已成为可能。通过建立船舶配载优化相关模型，采用人工智能多次迭代的算法，可以解决集装箱船配载总图问题、集装箱堆场优化问题和集装箱箱位布置优化问题等。在海事安全技术发展方面，主要的关键技术包括海事安全风险辨识与管控技术、海事安全仿真技术、无人船航行安全保障技术、海事监管体系与装备技术、智能船舶交通管理技术及 e-航海技术等也已经取得了很大的进步。例如，在海事仿真方面，未来的海事仿真将更加注重人机交互性而非仅仅是强调沉浸感。在无人船航行安全保障方面，未来的"无人船"控制系统可以实现安全监测、避让和应急等场景下的辅助驾驶，并在投入商业运营前提升信息传输的安全性。而不少航运企业已配备了先进的网管系统，可以在系统上实时查看货物与船舶的状态，甚至可以查看船上某一具体设备的运转状况。

2.2 交通运输各领域技术发展的总体态势

经济社会、科学技术的日益发展使各类载运装备智能化水平不断提高，交通基础设施规模不断扩大，交通运输能力及运营服务水平不断提升。国内外已将安全、绿色、高效、智能作为未来新型交通运输发展的主导方向，交通运输领域技术发展模式也由传统模式向可持续、互联互通、多模式运输、智能化发展模式转变。

2.2.1 轨道交通领域

以高速铁路和城市轨道交通为骨架的一体化技术，以更安全、更绿色、更高效、更智能为导向的轨道交通技术已成为轨道交通发展的主要趋势，高速化、智能化、高舒适度、节能环保、安全可靠、互联互通等已成为未来轨道交通装备的发展方向。轨道交通技术作为"走廊技术""替代技术"和"世纪技术"的地位持续加强，扩能和能力保持技术发展加速。以互联网、物联网、大数据、云/雾/边缘计算、人工智能、增材制造、虚拟/增强现实、新能源、无人操作和天基位置服务为代表的颠覆性新兴使能/赋能技术与轨道交通的深度融合已成为欧洲和日本等发达国家构建下一代轨道交通服务模式和技术体系的主要途径。

轨道交通装备更进一步模块化、标准化、绿色化和智能化。运营管理/运输组织/服务的一体化、网络化、集成化技术,轨道交通清洁化、绿色化、智能化技术受到空前重视;轨道交通一体化安全保障技术已成为安全领域科技创新的重点方向。运行速度不断提高,日本低温超导磁浮列车实现速度603km/h载人试验,东京到名古屋(最终到大阪)运行线也已开工建设。基于新材料、新结构、增材制造、数据科技和智能科技等领域的颠覆性新兴技术的既有铁路基础设施性能提升和铁路基础设施设计、建造及运维的一体化、智能化、绿色化技术正在成为未来的发展方向。综合运用新一代的理念和技术,打造更加安全可靠、方便快捷、温馨舒适、经济高效、绿色节能的轨道交通系统已成为发展的共识,具体体现在以下几个方面。

(1)载运装备

轨道交通载运装备**呈现出轻量化、模块化、智能化、绿色化和超高速化的**发展趋势。伴随着新材料的发展,未来轨道交通装备将采用强度更高、质量更轻、能源消耗更少的新型材料,车体轻量化可通过材料轻量化和结构轻量化两种途径实现。材料**轻量化**方面,国外高速列车车体结构已逐渐从碳钢结构及不锈钢结构发展到铝合金结构时代;结构轻量化方面,既具有轻量化的结构,又能优化荷载承受能力。列车的设计朝平台化、**模块化**方向发展,在平台基础上可以根据客户的个性化需求实现模块化组装设计、生产,且便于列车的升级改造,应用灵活。未来轨道交通车辆在行驶中将彻底摆脱实体轨道的束缚,利用高速、可靠的通信信号技术,在列车运行控制中进行虚拟的行车路线规划,同时交通运输系统具备高度自感知、自决策能力,可根据运行情况进行实时反馈与运行状态调整,可大大提高运行安全及运行效率,呈现出**智能化**趋势。列车主供电系统将逐步消失,不再依赖供电网、供电轨等供电系统,随着氢能燃料电池逐渐成熟并推广使用,微电网、分布式供电技术将得到推广,轨道交通基础设施将通过光能、风能等绿色清洁能源制氢,用以供给轨道交通系统能量,实现运行过程的零排放。远期待小型可控核聚变技术突破后,轨道交通装备将彻底摆脱对能量补充的依赖,仅在新造或大修出厂时进行能量加注,可保证全寿命周期内的运行需求,呈现出**绿色化**发展。速度600km/h级高速磁悬浮交通技术取得重大突破和完成工程化运营验证,呈现出**超高速化**发展趋势。

(2)交通基础设施

轨道交通基础设施的**绿色化、智能化和高可靠性长寿命**是未来发展的核心理念。随着国家和大众环保意识的增强,生态友好必将成为轨道交通发展的趋势,绿色化的基础设施建造工艺和材料是降低环境影响、增强环境友好的关键,智能化的勘察测绘、设计、建造以及维修技术是降低劳动强度和成本、提高效率和质量、保障安全的有效途径。随着我国轨道交通线网规模的不断扩大,安全和运维成本的压力也逐渐增大,因此高可靠性长寿命的基础设施是关系到轨道交通可持续发展的关键,包括采用高可靠性的轨道部件、严格控制路基变形、大量采用桥梁结构、基于空气动力学特性设计隧道等。

（3）服务与管理

未来轨道交通系统的**服务与管理**理念将以"乘客为中心",全面覆盖从洲际长途运输到个人灵活出行,运行速度从数百公里到数千公里,无缝连接其他种类交通模式,旅客出行将无须购票,使用个人身份辨识技术进行结算,真正实现无间隔、无停顿的旅程,呈现出**协同化**趋势。交通系统的运行将摆脱时刻表,按照当前客流量与客户需求实现灵活定制运行计划与线路,实现整体运行效率的最优,呈现出**精细化**趋势。在旅客的出行过程中,将针对每个人的不同需求,在信息推送、在途服务等方面提供人性化、定制化服务,呈现出**个性化**趋势。轨道交通规划与设计将被视为未来智慧城市规划与布局的灵魂与骨干,除承担城市物流与客流的运输分配外,城市的功能布局、产业划分、商业模式乃至居民的生活方式也将与轨道交通紧密连接,轨道交通系统不仅是智慧城市交通工具,同时也是居民的生活、娱乐、交际载体,呈现出**多元化**趋势。

2.2.2 道路交通领域

绿色化与智能化是当下道路交通系统发展的主要趋势,有利于实现交通基础建设由单一化向集约化发展的转变,有助于缓解交通运输业的资源和环境压力,是实现交通运输业现代化发展的关键。全球经济高速发展,城市化进程不断加快,机动车保有数量不断增长,道路交通运输量不断增加,使得各种交通问题凸显。绿色化与智能化可以提高车辆及道路的运营效率,促进绿色环保,改善用户体验,促进城市发展。在这一领域,美国、欧洲、日本无论是在相关技术开发方面还是在落地应用方面,均取得了较好的成效,从其发展情况来看,智能交通系统的发展已能够比较有效地解决交通拥堵、交通事故和交通污染等问题。

智能化道路交通系统成为道路交通规划建设的主要方向。随着新一代信息技术与交通运输的深度融合发展,当前全球各国越来越注重运用信息技术提高道路交通系统的智能化水平,改善交通安全和提升运输效率。我国正在加快推进智能交通系统建设,利用互联网、大数据等新技术建设实现实时互联、自动驾驶的智能交通,满足人们智慧、安全兼具娱乐的出行选择。

不同交通运输方式融合发展是交通运输与其他行业、交通运输与经济社会融合发展的前提,是构建现代综合交通运输体系的必然要求,也是经济社会发展的客观要求。道路交通运输系统作为交通运输体系的一部分,与其他交通运输方式融合发展的趋势日益显现,并呈现出加速融合发展的趋势。

智能载运装备与智能交通系统协同融合发展。智能网联汽车可以提高道路运输的效率、大幅度减少拥堵、保证交通安全,是解决道路交通运输系统发展中所遇到问题的重要途径。以智能网联汽车为基础,进一步建设智能交通系统,可提供更加完善的综合解决方案。智能交通系统只有以智能网联汽车为载体,才能真正实现车辆与车辆、车辆与基础设施、车辆与人员、车辆与智能家居、车辆与云端、车辆与能源系统的多方面互联,充分满足人们的出行需求和整个社会的发展效率需求。

共享出行是未来城市道路交通出行的重要发展方向。共享网约车等应用降低了对载运装备的数量需求,提高了载运装备的利用率,可以有效缓解城市道路交通拥堵的现状,降低交通出行成本并提升交通出行效率,是未来道路交通发展的重要方向。

道路交通运输的各个领域具体发展趋势如下:

(1)载运装备

新一轮科技革命带动全球汽车技术进入了加速进步和融合发展的新时期,**并呈现出电动化、数字化、智能化三大发展趋势**,新能源汽车、智能网联汽车加速发展。随着电池等核心技术的不断发展成熟和各国家政策导向的持续驱动,整个社会对新能源汽车的认知度和接受度持续提高,**汽车的电动化转型**已成为重要趋势。此外,充电基础设施的不断完善以及《巴黎协定》的签署和"柴油门"事件等的影响,电动汽车发展的预期也不断增强,全球主要汽车企业都在加大电动汽车布局。我国新能源汽车产业化的初步成功,加速了电动化转型。汽车产业技术朝着全生命周期数字化转型。**基于数字化技术的汽车设计、制造、服务一体化**是以网络与系统为基础,以数据流动和信息交互为特征,利用互联网、云计算、数据挖掘、大数据技术、异地协同管理等先进网络支撑技术,将汽车策划、研发、生产、销售、服务等环节有机地联系起来,建立统一的产品生命周期管理及数据集成体系,即形成"设计-制造-销售-服务-设计"闭环一体化工作模式。人工智能、自动驾驶和互联技术在车辆上加速应用。人工智能的发展，为自动驾驶领域的车辆智能计算平台体系架构、车载智能芯片、自动驾驶操作系统、车辆智能算法等关键技术以及车辆智能化平台的发展提供了重要支撑，并大大加快了车辆网联化技术的发展。传统汽车制造商则纷纷发布智能网联汽车发展规划，加快产品的智能化和网联化转型。其中国外汽车企业，如丰田、宝马、沃尔沃、通用等规划推出有条件自动驾驶产品，主要具备限定条件高速公路自动驾驶、限定条件城郊道路自动驾驶等功能，计划于2021年及其后推出高度或全自动驾驶产品。国内汽车企业，如一汽、上汽、东风、长安、北汽等，在智能网联汽车产品发展的时间表方面与国外汽车企业基本一致。未来，随着车辆电动化、数字化和智能化技术的发展，一系列诸如快速更换车用动力电池、车载智能传感器、车载计算平台等产品有望兴起。交通网络与通道从孤立走向整合，载运装备从单栖走向多栖。水、陆、空、天交通系统朝联网联控的立体式、综合式的方向发展，宜铁则铁、宜路则路、宜空则空、宜水则水。交通网、能源网、感知网、信息网、通信网的独立网络，逐渐走向"多网协同"，甚至"多网合一"。

（2）交通基础设施

从全球范围来看，世界主要发达国家在公路基础设施领域已逐步完成从"大规模建设"到"高效率运营"的转变，公路基础设施的智能化、生态化、功能化、高效安全、节能环保、耐久功能化是未来发展的核心理念。**道路交通基础设施的智能化、网联化以及规范化成为公路基础设施的重要发展趋势。**未来，随着智能化、网联化和规范化的道路监控管理技术与行车安全服务技术的不断突破，一系列诸如智能交通标志标线、智能路侧摄像头、智能路侧毫米波雷达等产品有望兴起。道路交通设计、建造、运营管理、养护以及后期维修，逐渐进行智能化升级，实现设计全息化、可视化，建造自动化、装配化，运营管理无人化、韧性化，养护维修仿生化。交通设施对服务能力和可持续性的发展需求催生了道路交通数字化技术体系。交通基础设施领域将逐渐构建多尺度的道路交通数字化系统，从微观的材料基因，到宏观的交通基础设施 BIM（Building Information Modeling）系统，囊括道路系统的设计数字化、建造数字化、运营管理数字化与养护维修数字化，为发挥道路交通设施资产、资源利用的最大化，从低排放、低消费、低能耗，向零排放、零消费、零能耗方向发展。对道路交通资源的认识逐渐深化：硬件资源包括既有材料和道路设施，潜在资源包括三维空间和路面耗散的能量，社会资源包括剩余的运力与接入的沿途社区等。面向社会和经济发展新时期对资源和能源利用的需求,挖掘道路交通系统的资源潜力,实现系统性的资源增值。道路空间与生活空间和生态空间有机融合。道路交通从单一交通系统,逐渐融入生活社区,对道路交通的要求不仅仅是承载行人和车辆的通道,更是社区生活的环境。为建设与生态环境协调、与自然环境友好、与社会环境互动的道路交通系统,催生了道路设计全息化、建造施工低碳化、运营自主化、养护维修循环化、交通服务生态化,形成集约高效、低碳环保、布局科学的道路交通体系。

(3)服务与管理

随着移动互联技术和车路协同技术的发展,**协同式的道路交通系统服务与管理成为未来发展的重要趋势,道路交通服务与管理系统将可实现载运装备和基础设施的数字化动态监管和统一化优化调度管理**。未来道路运输系统管理与服务的重点是对系统的强化、整合和协调,其目的是不管需求与供应如何变化,均使现有系统性能达到最优状态。系统服务应着眼于改善系统运行的可靠性,并重视对系统运行指标如速度、延误、安全性等的监测与及时预警。车载通信与协同技术的发展,一系列诸如自动驾驶出租汽车智能运维系统、自动驾驶公交车智能云控平台、智能网联车辆信息安全平台等相关产品有望兴起。人工智能、车联网等新技术落地应用,未来将形成千里眼、顺风耳、智慧脑、智能机的道路交通监管技术体系,嵌入智能算法的前端监控设备能实现全息感知和人机协同,赋能的后端平台可实现交通场景跨界融合和群智应用,使交通场景感知更全面、交通行为分析更智能、交通风险防控更精准、交通信息服务更高效。道路交通监管技术将具有丰富的智能化内涵,前端获取的交通目标特征信息不仅内容丰富而且全面准确,后台信息关联的实时性和实用性较高,能够不断满足日益增长的道路交通安全监管业务需求。**道路交通将逐渐实现全域、全时空、"水-陆-空-天"立体化的泛在感知网络,构建一体化云控平台**。构建"虚实并行""立体互联"的道路交通信息系统,根据实时监控、解析与响应,实现交通服务、设施管理与维护、应急响应、资源调控等信息感知、传输与发布。

2.2.3 航空运输领域

全球科技的快速发展并与航空运输深度融合,形成并强化了航空运输科技发展的新趋势。未来航空运输领域技术发展的主要目标是更安全、更密集和更灵活,

实现空管系统、航空装备的协同化、精细化、智慧化。 为满足更清洁高效、安全可靠、舒适智能、便捷准时的航空运输需求，驱动航空运输业向更安全、更高效、更环保、更智能方向创新发展，世界主要国家不断加大对先进的航空器制造、机场基础设施运行、空中交通管理与服务等系统的发展规划与研发应用，发展趋势重点体现在以下3个方面：

构建未来民用飞机产品与技术发展体系。 民用飞机技术的发展日新月异，新型气动布局、先进动力系统、下一代航电技术、多电系统、新材料、新工艺、智能制造等技术的大量应用，使得新型民用飞机打破当前主流机型的垄断，并为取得后发优势成为可能，由此推动了民用飞机市场多元化的需求。"中国制造2025"和"互联网+"行动计划为国产民用飞机产业的发展提供了方向和途径，我国应借助"互联网+"战略，推进民用飞机预先研究和设计研发能力建设，推动以云计算、物联网、大数据、增材制造（3D打印技术）为代表的新一代信息技术与民用飞机产业融合创新，依托大众创新、万众创业的众创平台及创新发展模式推动新技术应用创新，实现民用飞机产业与新技术的跨界融合与创新发展。

提升综合机场枢纽支撑能力。 为提高机场安全保障水平，提升大型综合交通枢纽的运行支撑能力，突破机场规划、建设难点，促进机场智慧化，推动机场绿色低碳战略转型，迫切需要以系统动力学、系统工程理论、环境工程学和防灾救灾工程学等作为理论基础，充分利用先进的计算机及网络技术，结合现代机场发展趋势，构建"安全、高效、绿色"机场新技术体系，进而显著增强我国航空运输机场系统的核心竞争力与可持续发展能力。

对各类航空器全面综合管控。 随着空中交通产业发展，各类航空器不断增多，给空中交通运营管理带来了巨大的挑战，对于各类航空器全面综合管控的需求也显得更为迫切。对于民航空管系统，既要达到安全高效的运行，又要兼顾旅客体验和资源环境，实现未来机场终端区运行的一体化、智能化，通过基于星基导航与四维航迹的飞行全程引导与控制，提高飞机飞行效率。对于无人机系统，需及早将其纳入航空安全保障体系，部署无人机系统安全运营关键技术、安全管控和标准规范的重大研发任务，引领研究和建立无人机行业标准规范，形成国家标准，使其具备国际竞争能力。

（1）载运装备

根据航空科技的发展趋势以及主要国家制订的研究计划，预计2035年前后，航空科技将出现以下突破和变化：一是民用飞机的飞行效率和环保性能将进一步提高，飞机的使用成本将显著降低，使越来越多的人将乘坐飞机出行，航空运输在物流中的作用也将更加重要；二是第二代超声速客机有望投入使用，与现有的亚声速客机相比，这种飞机的飞行速度有望提高1倍以上，从而使洲际飞行的时间大幅缩短，公务机的速度也将大幅提高；三是直升机的速度有望从现在的200～300km/h提高到400～700km/h，而且航程更远，携带任务载荷的能力也将会更高，从而使更多的海岛、山区等没有机场的区域获得航空服务；四是超长航时的太阳能飞机将会投入使用，这种飞机的飞行时间长达数月乃至数年，可以取代部分低轨卫星，且其分辨率和持续观测能力优于卫星。在上述目标的导向下，新的气动布局形式、气动减阻技术、发动机增效减排、新型材料、创新结构设计和先进机载系统将成为热点技术。

针对包括轻型水陆两栖飞机在内的通航轻型飞机使用环境恶劣，作业任务多样性、复杂性及危险性高于大飞机等使用特点和技术特点，研究高效绿色轻型多用途通用飞机总体综合设计、系列化、模块化设计技术，通用飞机新概念布局设计技术；研究新能源电动飞机电推进系统技术，通用飞机轻质、高效整体化结构设计与制造技术，研制新能源电动飞机和先进通航轻型飞机，提升高效绿色轻型多用途通用飞机型号研发水平，发展我国通用航空战略新兴产业。

针对翼身融合布局/支撑翼布局等新构型与燃料电池、氢燃料、混合动力等新能源无人运输机概念方案，突破无人运输机模块化、轻量化结构设计与制造技术，开展新概念新布局无人运输机方案探索与产品集成研究，完成新概念新布局无人运输验证机；同时在既有技术集成和研发必要技术基础上，针对现有机型开展无人自主起降等技术研究，使其升级改造为无人运输机产品。

大型高亚音速飞机的新型气动布局方面，翼身混合布局、双气泡机身布局、支撑翼布局都具有高升阻比、载客量大、舱内噪声小等特点，受到持续关注。这些新购型的升阻比可以达到22以上，相较于传统构型的升阻比增加约21%，这使得每位乘客/海里的燃油消耗下降27%。除了经济型方面，上述新型布局在噪声抑制水平方面将大大超过目前的常规构型，有望减少约35～42dB(A)的噪声。翼身混合体布局示意如图2-1所示。

超声速飞机在洲际飞行、超长距离商务旅行方面具有独特的优势。目前的技术热点集中在超声速飞机的先进气动设计、动力与推进技术、声爆预测及降噪技术等方面。

图 2-1 翼身混合体布局示意图

气动方面，层流减阻技术已经具有较高的技术成熟度，并且可以获得很高气动收益，采用"层流机翼"技术可以使飞机总阻力减少 15%～20%。各种一体化气动设计技术也是未来新构型民用飞行器设计中的关键技术，高性能数值模拟、大规模并行优化、先进风洞试验技术则是气动技术发展的方向。

飞机发动机设计技术的进一步改进难度较大，难以取得理想的突破性改进效果。因此，未来将更加注重非传统发动机的设计。具有较高燃油经济性的开式转子发动机、复杂气动热力循环的发动机、全电动分布式推进装置、由涡轮机和电动机驱动混合动力推进装置等是未来航空发动机发展的主要方向。

航空材料技术依然向着新材料的开发和创新型结构设计方向发展。利用先进复合材料实现减重、降低成本。主要考虑解决复合材料损伤容限和发展趋势问题，而复合材料结构设计的关键是要解决复合材料本身生产和研制成本高的问题。利用智能结构技术来实现对结构几何形状、运动、气动力流程、结构阻尼和振动的控制，可以大大改善结构的耐久性和可靠性。利用多功能结构，将结构与电子组件直接集成在一起进行一体化设计，减少用于支撑和固定的结构，提高飞行器内部空间利用率、降低成本。利用柔性承载结构，使飞机在飞行中改变机体结构形状，形成可变几何形状自适应结构。

未来机载系统将继续向网络化、智能化方向发展。航空电子将遵循系统集成和共享软硬件资源的全球趋势。多电技术将进一步成熟，并被广泛地应用到发电、配电、电力管理、电防冰、电制动、电力作动和发动机等多个领域。高级航空电子套件(AS)必须具有开放故障安全网络功能导向架构,该架构应基于使用通用处理环境(平台)的可扩展的综合化模块化航空电子(IMA)。捷联惯性导航系统(SNS)技术开发的下一步将是基于固态波陀螺仪的SNS。数据采集和自动化处理需要使用能够独立地适应操作条件并连续控制其灵敏度的智能传感器。现代传感器和静态开关具有诊断功能,能够连接到网络,并且很快将实现最简单的控制器功能。飞机通用系统的改进将减少其重量,增加可靠性并便于维修。集成和资源共享的趋势将导致飞机系统数量的增加,系统的功能将由驻留在航电系统通用处理平台的独立系统实现。

(2)基础设施

未来机场基础设施发展主要呈现三大发展态势:一是**全面感知**,围绕机场运行全流程建立传感网络,部署广泛的感知器,利用视频、物联网、大数据、移动通信等技术实现全面感知;二是**全域协同**,通过各区域各部门协同联动,对机场资源进行实时动态优化调整,支撑快速科学决策,实现全域协同;三是**自主运行**,依托自主智能学习和优化决策技术及方法,机场各系统间进行群知与协同,实现自主运行。

感知化——全面感知:围绕机场运行全流程建立传感网络,部署广泛的感知器,利用视频、物联网、大数据、移动通信等技术实现对航班保障节点数据的自动化采集;利用高精度定位、物联网等技术对车辆、无动力设备、人员进行定位和追踪,实现对飞机流、旅客流、货物流、行李流、交通流的精准定位和实时监控;研究民航安保资讯系统智能检索和视频智慧监控,统一旅客信息安保核对与警务系统的情报共享,加强机场安保动态预警的智慧化,提高事前预防能力,实现民航安保风险预警主动化;门到门行李托运、城市值机/地铁站等多种值机方式兴起,基于物联网、大数据、云计算技术的行李全程追踪系统能随时告知旅客/货主物品的位置;智能机器人技术不断突破,在局部场景已完成测试并开始替代人工进行繁重的搬运劳动,机场货站已初步采用自动分拣、仓储系统;大数据分析技术,实现实时数据分析与挖掘,运行资源智能调配、航班生产联动有序,提升资源利用率及机场运行效率。

协同化——全域协同:基于多主体协同理论开展多方协同,实现各区域各部门协同联动;基于人工智能理论预测航班及旅客运行态势和保障资源占用情况,实时动态优化调整机场资源;基于大数据技术及复杂事件处理技术,可动态智能优化调度和引导,实现全域业务协同,支撑快速科学决策;基于物联网、5G(5th generation mobile networks)等新技术的行李全程信息追踪技术已延伸至地铁站/城市值机等交运/提取点,自主机器人已在旅客引导、行李搬运、值机托运、安检、集群分拣、装卸、站坪运输等环节完成试点测试并在新建中小型机场开始示范应用。

自主化——自主运行:依托人工智能技术自主感知、识别业务状态,自主完成复杂事件处理和决策,自主预测机场整体运行态势,完成特别情况下评估分析;基于机器学习和大数据分析技术,自主学习机场业务运行规则,自动优化机场业务决策;研究民航安保自主智能学习和优化决策技术及方法,实现民航安保各系统的自主学习,支撑和实现自主决策能力;研究民航安保系统之间、各级安保部门之间的群知与协同技术,实现民航安保协同智能化;基于无人驾驶技术,实现机场站坪保障车辆无人化运行;无人化行李/货物处理初步实现,门到门服务体系形成,基于量子通信、区块链等新技术的信息追踪技术已覆盖所有环节,航空物流与其他物流形式实现无缝衔接。

(3)服务与管理

未来空管系统呈现出协同化、精细化、自主化和智慧化的发展特征。空管系统**协同化**是指空管系统以提高空中交通运行安全和大系统多部门之间的协作效率为目标,通过航空器与地面系统的空-地协同、航空器之间的空-空协同、地面系统间的地-地协同实现机场、航空公司、空管等多部门运行上的协同决策与联动调控,实现有人机、无人机的混合系统协同运行。协同化实质是互联共享、协同决策,重点是全系统信息共享,实现以网络为中心的基础设施服务。信息传输模式将从点对点传输逐步过渡到网络传输,大幅度降低成本。同时统一处理各种类型、结构和协议的空管信息来支持顶层应用。涉及的主要技术有宽带通信、航空电信网、基于大数据的多源数据融合等。

空管系统**精细化**则是以提高飞行运行效率、降低碳排放为目标,实现航班全生命周期四维航迹(三维空间+一维时间)的精细化控制。精细化发展的实质是性能驱动、多元精准;重点是基于四维航迹的运行(TBO)。TBO的实现与应用涉及空管交通系统中的方方面面,包括核心技术的攻关、机载设备的研制、地面系统研制及运行许可、飞行管制运行程序的升级、管制部门运行流程和航空公司运行流程的改进等,是一个复杂的系统工程。涉及的主要技术有面向定时到达的机载四维飞行引导技术、航班航迹运行的全生命周期管控、航迹运行的数字化管制技术、基于异构网络的航空运输环境监视与态势共享技术、四维航迹运行的飞行试验与综合验证等。**自主化**是指以提高空域、机场资源利用率和运行效率为目标,增强机载系统的空管能力,实现飞机由受地面管制的被动飞行向飞机自主选择航路、自主保持安全间隔的转变。**智慧化**则是以"人机融合、自主决策"为主要特征,支持复杂环境下自主决策与自由飞行,形成以智能决策、自主决策为核心的空管智慧运行大脑,代替人的能力。智慧化的实质是局部自治、系统可控,重点是实现无人机/有人机的混合运行以及运载工具的智能化。未来的空域运行将从现在的无人机受到严格政策限制逐步过渡到无人机完全融入国家空域,包括中高空的民航客机飞行空域以及低空的通航飞行空域,其涉及的技术主要有通信与控制链路、感知与避让以及系统集成与测试技术。同时大数据时代对智能交通技术发展提出了新的要求,需要解决如何从多源异构的实时海量信息中挖掘出面向交通系统运行改善需求的信息情报和知识资源的重要问题,实现交通系统运行态势的精确感知和智能化调控。飞行器智能化主要通过航空电子、机载通信单元、智能一体化终端、人机统筹等实现人机合一的智能化。

2.2.4 水路交通领域

新经济形态下,区域之间的联系越发紧密,人员流动及货物运输规模不断扩大,交通运输需求日益增强。与其他运输方式相比,水路运输凭借其运输能力大、运输效益高等方面的突出优势成为未来交通运输的主力军。同时,水路交通存在的安全、环保等问题也提上日程,国际化、区域化的法律法规不断出台,对水路运输从运营模式、运营条件到运营手段都提出了更高的要求。全面提升水路交通运输质量已成为我国交通运输行业发展的必然选择。此外,随着全球新一轮科技革命的加速演变,信息技术、人工智能、新材料、新能源、智能制造等科技领域飞速发展,对水路交通领域的技术发展形成了巨大的影响,并重塑了整个领域的技术发展方向。具体体现在:

(1)交通基础设施

为更好地保障水路运输,满足相关的政策法规要求,水路运输交通基础设施的发展呈现三大趋势:**一是深水化和大型化**。船舶的大型化是缩减航运成本的关键方式,而大型船舶对港口的水深、掉头水域和陆域与设备的布局都提出了更高的要求,港口在规划、建设中要充分考虑船舶大型化带来的水深和规模的需求。**二是功能多样化**。伴随物流业的逐渐兴起,港口在物流业中的关键作用逐渐突显,重要核心港口正朝着以商品的原材料加工生产至配料营销、废物处理为一体的、全功能的物流供应链的方向发展。**三是生态友好**。随着人们环保意识的不断增强,港口、码头乃至运行航道对生态环境的影响正在接受越来越多的政策法规的约束和要求,生态友好必将成为港口建设和内河水路建设的发展趋势。

(2)载运装备

近年来随着绿色环保要求的不断提高,尤其在国际海事新公约、新规范、新标准的推动下,以低油耗、低排放、环境友好为主要特征的绿色环保船型成为未来发展主流;人工智能、大数据、互联网的出现为船舶智能化发展提供了难得的机遇,智能船舶一方面满足当前进一步提高船舶运营安全性的需求,另一方面也是提高航运效率的重要抓手。船舶智能化可以大幅减少人为因素带来的安全隐患,可以大幅减少船员数量降低运营成本,同时可以综合考虑船型特点、货物要求、航线环境等因素,选择最优航线,提高运行效率,智能船舶必将成为未来的研发热点。

随着船舶制造与互联网、通信、计算机等信息化手段以及现代管理思想和方法的融合,未来船舶制造业将由单一的生产制造向全产业链的服务型制造转变,船舶制造业在整个产业链条中不再仅承担某一环节的功能,而是在其产品运行的全寿命周期中提供服务,并通过这种全周期的服务不断提升和改进产品的质量和性能,这也是船舶产业升级的重要方向。

(3)服务与管理

水路运输的服务与管理主要呈现两大发展趋势:一是信息化,加强港口与航道工程信息化水平的建设力度,极大程度地对港口航道的布局进行合理规划;二是智能航运服务,智能航运服务是智能航运的重要组成部分,它是航运服务要素与现代信息、人工智能等高新技术深度融合形成的现代航运服务新业态,是未来航运服务发展的主流方向。

2.3　交通运输领域技术发展总体态势

2.3.1　国际、国内交通远景与规划

世界发达国家与我国均对各自的交通远景进行了规划,明确将交通运输作为国民经济和社会发展的支柱和命脉。交通运输的安全、绿色、高效和智能已经成为

发展的永恒目标。

(1) 欧盟

进入21世纪,欧美等发达国家先后制定了一系列政策与规划,争相抢占交通发展先机。欧盟先后发布了《欧洲2020年交通远景战略规划》《欧盟交通第七框架(FP7)》和《迈向统一欧洲的交通发展路线图——构建竞争力强、高效节能交通系统》白皮书,其主旨在于指导欧洲各国在交通安全、基础设施、环保与新能源应用、新型车辆设计等方面的研发投入,通过实施新能源汽车、高速铁路、新一代城铁、新航空排放标准以及智能交通系统,实现交通的安全、清洁、智能的发展目标,并确保欧盟国家在交通科技领域继续保持竞争力。欧盟以《未来交通政策白皮书》为核心,注重道路网、公交网、铁路网、水路网的合理配置、相互衔接及综合交通枢纽建设,构建高效协同、绿色环保的综合交通运输系统。德国实施《联邦交通网发展规划》的国家战略,综合考虑自然环境、区域发展与城市建设的整体利益,建设低排放、低成本、高效率、高协同的环境友好型交通运输网络。

2014年,欧盟启动"Horizon 2020研究计划",其中的道路、物流、智能交通系统研究方向,重点项目包括道路领域(合作式智能交通系统、公路交通车辆安全性与网联化)、物流领域(促进供应链的协同)和智能交通领域(互联性、数据共享与智能交通系统部署的广泛性和兼容性等)。欧洲企业在汽车安全领域处于行业领先,整车企业有宝马、大众、沃尔沃、奔驰,零部件集成供应商有博世、大陆、法雷奥、奥托立夫等,在自动驾驶汽车领域均有很强的国际竞争力。

欧盟相关铁路组织相继提出了《铁路发展路线2050——走向竞争、资源高效、智能化的轨道交通系统》《欧洲铁路研究的现状和未来——挑战2050》《铁路远景2050——欧洲流动性的支柱》,更加智能、绿色、安全、可持续的轨道交通发展理念在上述发展规划中均已得到体现。泛欧亚高速铁路网已见雏形,跨欧洲互操作技术与系统取得重大进展;适应于欧洲各类线网的轨道交通技术、装备、系统已成完整体系,建管、运营、服务与安全保障一体化技术架构已形成并逐步实施;围绕"欧盟-国家-行业-企业-研究机构"主线已形成完备的技术创新体系,产业支撑体系;欧洲高速列车谱系化、标准化、一体化、成熟化等方面和技术标准体系位居世界制高点。

(2) 美国

2015年,美国发布《超越交通——趋势和选择2045》报告,强调通过加强基础设施建设、交通装备研发、改善管理模式、提升公共交通服务水平、提高客货运效率、强化财政支持与多元合作、鼓励科技创新与加速新技术的产业化等手段,确保美国的交通更加安全、通畅。同时,制定推广应用下一代航空导航系统、车联网(V2V)、电动车、自动驾驶、汽车防撞预警、飞机无人驾驶等技术政策、技术标准、监管政策,有效控制新技术带来的安全、环境等潜在风险。

2014年美国交通主管部门与智能交通系统联合项目办公室明确了美国ITS(智能交通系统)战略升级为网联化与智能化的双重发展战略。2016年美国主管部门发布《美国自动驾驶汽车政策指南》,为生产、设计、供应、测试、销售、运营或者应用自动驾驶汽车提供了一个具备指导意义的前期规章制度框架。目前,美国在自动驾驶决策和控制技术及网联化方面处于领先地位,标准、新技术研发、关键芯片、产品开发、通信应用等基本形成了比较成熟的体系,在自动驾驶汽车产业链的上、中、下游均有成熟的供应商及产品,且具有很强的国际竞争力。

为统筹协调各种运输方式,合理配置和利用交通运输资源,发挥综合交通的整体优势,美国以《2050年远景:国家综合运输系统》为导向,提出建设具有整体化、国际化、联合化、包容化、智能化、创新化的"6I"型综合交通运输系统。

(3)日本

日本继续坚持政府与企业的合作模式发展交通相关产业,通过混合动力与新能源汽车、智能公路系统(Smart-way)、交通信息服务(VICS)、高效的高铁运营控制等多技术途径,保持其在交通领域的全球竞争力。2014年7月,日本国土交通省出台国土交通远景发展规划——《国土大设计2050——形成促进对流国土形态》,国土规划是以交通体系等国土基础设施规划建设为主要实现手段。该规划虽不是交通专项规划,但基本反映了日本交通发展的战略方向:建设速度500km/h的磁悬浮中央新干线和联络线支撑的巨型都市圈;打造国际客货运输大通道,支持国际间客货运交流;推广大数据、自动驾驶、应用先进技术,建设安全、智能、环保型的交通运输系统。

日本以《综合交通政策体系》为战略导向,注重交通总体规划和交通方式的集约化,通过构建层次分明的内陆、海岸、航空等综合交通立体架构,实现高效有序的综合交通运输管理。

(4)中国

2019年9月,中共中央、国务院印发《交通强国建设纲要》(以下简称《纲要》),

要求到2035年,基本建成交通强国。《纲要》提出,科技创新富有活力、智慧引领,强化前沿关键科技研发,大力发展智慧交通。推动大数据、互联网、人工智能、区块链、超级计算等新技术与交通运输行业深度融合。同时,我国以《综合交通网中长期发展规划》为核心,明确提出综合交通基础设施网络中长期的发展目标和任务,是促进各种运输方式从局部最优上升到整体最优,提高交通运输系统的整体效率和综合效益。

2016年,国家发展和改革委员会发布《推进"互联网+"便捷交通 促进智能交通发展的实施方案》,明确"促进智能交通发展"的总体目标,提出"建设先进监测系统"和"构建下一代交通信息基础网络"的任务,明确"推进制定人车路协同(V2X)"具体发展方向。2016年,中国汽车工业协会发布了《"十三五"汽车工业发展规划意见》,也提出要实现车与人、车、路、后台等智能信息交换与共享。工业和信息化部则按照"东西南北中",布局了上海、重庆、浙江、北京+河北、长春、武汉等智慧交通应用示范区。各示范区逐渐建设封闭式、半封闭式试验场地,开展智慧交通试验与测试工作。

社会经济的发展对道路交通服务提出了更高的要求。更便捷,要求多种交通方式无缝衔接,要求提供更多的交通供给以缓解城市拥堵;更舒适,要求具有更加良好的驾驶体验,要求道路能够提供更好的车辆行驶性能;更安全,要求道路载运装备更加智能,能够主动预防风险,要求提升道路安全保障能力;更环保,要求道路基础设施对环境影响降至最低,甚至能够改善人类社区生活环境,基础设施更加耐久,要求减少生命周期成本,降低维修改造带来的生态压力;更通达,边远地区和落后地区的交通需求更加凸显。

与国外汽车发达国家相比,我国智能汽车总体处于跟随阶段。目前,国内主要整车企业已开始在量产车上装备了L1级辅助驾驶系统产品,并积极进行更高级自动驾驶技术及产品的研发。整车企业的列装计划也促进了我国自主辅助驾驶系统企业的快速发展。在前撞预警、车道线偏离预警、全景泊车辅助等领域,我国企业已经推出了大量具备国际同等先进水平的产品,占据了一定的市场份额。在整个自动驾驶汽车产业链上,信息通信企业如华为、中兴、阿里巴巴、百度等纷纷进入,新型创业公司大量涌现,在车载传感器、自动驾驶系统、车载操作系统、车载通信服务系统、汽车信息安全等领域大力投入研发,有望构成自主的供应链体系。

中国民用航空局在2015年颁布了《中国民航航空系统组块升级(ASBU)发展

与实施策略》。作为指导中国民航研究制定航行系统发展规划的方法论文件，其明确了制定航行系统发展规划的总体目标与基本原则，提出了支撑航行系统发展的各种技术应用策略与保障措施，旨在为各种航行技术应用规划的制定提供指导，以推动各种航行技术的协同发展，促进民航持续安全与科学发展。中国民航高度重视新航行技术的应用与实施，不断加强民航新技术研究与应用。典型代表有 ADS-B（Automatic Dependent Surveillance-Broadcast）、航空电信网等。计划到 2025 年底，完善我国 ADS-B 运行网络，并实现全空域基于性能的导航，完成与 CNS/ATM（通信导航监视/空中交通管理）的协同发展。

2.3.2　交通运输领域技术发展变革趋势

纵观上述规划，载运装备无人化、交通运输系统智能化、UMV（Unmanned Vehicle）高渗透率下的交通管理与控制、交通运输系统新模式、交通运输与人工智能、交通运输与新材料、交通运输与新能源受到空前重视。新材料与增材制造、节能与新能源载运装备、基础设施能力保持和交通系统的高效运营已成为各国关注的焦点，科技创新贯穿始终。低碳、高效、安全、便捷成为各国交通发展的目标。从技术层面上实现这一目标的主要技术发展方向包括：**载运装备动力多元化，排放清洁化；基础设施建造与养护智能化、绿色化；运营管理与服务智能化、信息化、网络化。**

（1）新技术、新燃料、新材料融入交通运输行业发展，载运装备向无人化、动力多元化、排放清洁化等方向发展。

未来载运装备的发展趋势应该是依托数字化、信息化技术平台，广泛应用新材料、新能源、新技术和新工艺，重点研制安全可靠、先进成熟、节能环保的绿色智能谱系化产品，拓展"制造＋服务"商业模式，开展全球化经营，建立世界领先的交通装备技术和产业创新体系。加强新技术的应用，逐步实现载运装备动力多元化、排放清洁化，使最新科技创新成果应用于交通运输的发展。

载运装备的发展呈现出轻量化、自动化、集成化、模块化和信息化特征。高性能的复合材料已成功应用于汽车、轨道机车车辆、大型客机/轻型通用飞机、船舶等交通装备制造，轻量化成效显著；在信息化和工业化深度融合的过程中，交通装备及其制造过程的数字化、智能化技术日新月异；借助大数据系统和云服务技术，交通装备设计、制造、检测、检验、运营、维护等各个环节不断向数字化、智能化、一体化发展。

研制更加智能、更加环保、更高速度、更大运量,具备跨标准互联互通能力的高可靠性、高安全性、环境友好的新一代无人化、动力多元化、绿色化与清洁化载运装备。载运装备的网联、自动驾驶、电动化,载运装备生产环节柔性化的智能制造,载运装备服务环节无人化共享技术成为新一代载运装备的技术发展趋势。

(2)新技术、新材料融入交通运输行业发展,基础设施建设和养护向智能化、绿色化、区域一体化等方向发展。

世界主要发达国家在交通基础设施领域已逐步完成从"大规模建设"到"高效率运营"的转变,基础设施的智能化、生态化、功能化、高效安全、节能环保、耐久功能化是未来发展的核心理念。交通基础设施设计、建造、运营管理、养护以及后期维修,逐渐进行智能化升级,达成设计全息化、可视化,建造自动化、装配化,运营管理无人化、韧性化,养护维修仿生化,成为重要发展趋势。未来,随着智能化、网联化和规范化的基础设施监控管理技术与行车安全服务技术的不断突破,一系列诸如智能交通标志标线、智能感知与定位产品等有望兴起。

利用数字化信息系统提升基础设施建造与养护管理现代化,利用高科技检测技术促进工程质量检测和公路养护智能化。其中,多功能基础设施服役综合检测技术及装备代表了当今基础设施检测的前沿技术,数字化、集成化、智能化、实时化已成为基础设施先进管理技术的主要特点和发展方向。

在基础设施区域一体化方面,提高复杂环境条件下基础设施建设和养护技术水平,增加高速铁路、航空、磁悬浮等快速交通方式的覆盖范围,促进城市群、巨型都市群的经济同城化,成为交通基础设施发展的重要方向。其中,美国提出围绕巨型都市群建设高速铁路、城际铁路、高速公路多模式一体化的战略,日本提出高速磁悬浮一小时交通圈、海上运输通道建设的发展战略,欧盟也提出欧洲交通一体化发展的战略并部署未来空中交通管理系统。

(3)新技术、新材料融入交通运输行业发展,促进交通运营管理与服务向智能化、信息化、网络化等方向发展。

在交通运行过程感知方面,围绕交通运行全流程建立传感网络,部署广泛的感知器,利用视频、物联网、大数据、移动通信等技术实现对安全运行相关数据的自动化采集;利用高精度定位、物联网等技术对载运装备、无动力设备等进行精准定位、实时监控和追踪,是交通运营管理技术发展的方向。

在交通营运管理相关技术方面,各种交通方式的运营管理向智能化、信息化和网络化的方向发展。集网联化、智能化、协同化为一体的新一代智能交通管理系统、人-车-路协同系统是各国竞相争夺的前沿技术制高点。为客流、物流提供更多的客货运输方式选择,提供高效可靠、端到端、无间隙、多方式选择的联运服务,实现本地、区域性、国家级和国际层面的交通网络系统的互联互通成为新的发展方向。

在交通运行协同一体化控制方面,以"互联网+"战略、物联网、云计算、新一代移动通信和北斗定位导航等技术为手段,以网联化、协同化、智慧化、多栖化为主要特征,实现全域、全时空、"水-陆-空-天"立体化的泛在感知网络,提供综合交通运输系统运行状态辨识与智慧决策、多交通运输方式协同组织与智能化服务、多方式联合运输与智慧物流服务,构建交通运行协同一体化云控平台,实现交通运输服务、应急响应、资源调控等信息感知、传输与发布。

3 交通运输领域新技术集合

3.1 交通运输各领域新技术集合

本节分别从轨道交通、道路交通、航空运输以及水路交通等4个子领域介绍交通运输领域近年来产生的新技术，其中涵盖大数据、云计算、物联网、先进制造和新能源等技术。以下从载运装备、基础设施建设、交通运营管理与服务等3个方面进行新技术的总结。

3.1.1 轨道交通领域

轨道交通领域的新技术集合见表3-1。

轨道交通领域新技术集合　　　　表3-1

类别	技术名称
载运装备	空中轨道列车技术
	单轨高架电动车辆技术
	空地两栖交通技术
	低地板有轨电车技术
	重载高速货运列车技术
	虚拟轨道技术
	真空管道运输技术
	超高速列车设计制造技术
	磁浮列车设计制造技术
	轨道交通列车柔性制造技术
	低成本高耐用车体复合材料技术
	超材料制造技术
	钙钛矿太阳能电池技术

续上表

类　　别	技　术　名　称
载运装备	新型动力的列车驱动技术
	轨道交通节能减排技术
	高效燃料电池技术
	光伏供能技术
	地下空间轨道交通列车高精度定位技术
	基于车车通信的列车运营控制技术
	超低动态作用力转向架技术
	车道协调牵引供电与控制技术
	超长大坡道高原型机车适应性技术
	面向重载铁路的移动闭塞控制技术
	面向中低速、长距离的车地一体化无网供电系统匹配技术
	全景式列车控制技术
	无轨旁设施、运能可配置列车运行控制系统技术
	面向全局效率提升、多属性业务承载和异构网融合接入的轨道交通专用移动通信技术
	高效大功率储能与转换技术
	列车自主运输适配技术
	轨道交通全自动驾驶技术
	远程化、沉浸式、无人化调度指挥和控制一体化技术
	基于认知物联网的列车感知技术
交通基础设施	多制式减震轨道结构设计与建造技术
	数据驱动的轨道交通线网智能规划与决策技术
	轨道交通线路远程化勘察测绘技术
	轨道交通环境友好的新型建造技术
	高寒山区高速铁路基础设施运行状态监测与养修技术
	高寒山区铁路建设关键技术
	重载铁路无砟轨道关键技术与装备
	轨道交通基础设施全寿命周期的设计建造维护一体化技术
	轨道健康状态在线监测评估与智能维护技术
	高速铁路路基沉降监测与修复技术

续上表

类　别	技　术　名　称
交通基础设施	地下工程近距离穿越高速铁路精细化控制技术
	复杂地貌、气候环境下基础设施适应性提升技术
运营管理与服务	轨道交通互联互通技术
	基于信息流能源流耦合的轨道交通协同优化运输组织技术
	区域轨道交通网络一体化协同运营与服务技术
	现代有轨电车协同运行智能管控技术
	面向全网多层次、多粒度的协同化、智能化行车指挥技术
	超大城市轨道交通系统高效运输与安全服务技术
	轨道交通系统系统安全主动防控技术
	轨道交通运营应急救援一体化联动技术
	城市轨道交通网络客流管控与安全风险防范技术
	轨道交通设备设施自修复技术
	轨道交通车辆全生命周期健康管理与控制技术
	基于RAMSIS(人机工程软件)的列车关键系统服役性能感知与提升技术
	通信信号系统的网络化、协同化与智能化运维保障技术
	远程化、沉浸式无人化运维技术
	列车电磁防护与控制技术
	城市轨道交通物流管廊技术
	门对门、点对点物流运输技术
	地铁车站全时程智慧服务技术
	基于人机情感交互的物流服务技术
	小微运量轨道交通运输装备技术
	基于智能、数据和星空车地基测控科技的运能可配置列车运行控制系统技术
	轨道交通客货运产品智能化、协同化、一体化设计技术
	覆盖终端用户的高效物流网络的轨道交通货运与服务技术
	多样化、超高速和多栖化导向运输系统的运输组织服务技术

3.1.2 道路交通领域

道路交通领域的新技术集合见表 3-2。

道路交通领域新技术集合   表 3-2

类别	技 术 名 称
载运装备	汽车高燃效清洁汽油机技术
	汽车高燃效清洁柴油机技术
	汽车高效自动变速器技术
	汽车结构轻量化技术
	汽车被动安全技术
	增程/插电式混合动力汽车动力系统技术
	纯电动汽车动力电池与电池管理技术
	燃料电池汽车动力系统技术
	新能源汽车电机及其驱动系统
	新能源汽车整车集成与控制技术
	新能源汽车高压电安全与充电技术
	汽车主动安全与高级辅助驾驶技术
	智能网联汽车电子电气架构与信息/功能安全技术
	新一代模块化、智能化汽车关键技术
	智能汽车图像识别与跟踪技术
	智能汽车毫米波雷达及检测技术
	智能汽车激光雷达检测与跟踪技术
	智能汽车多源信息融合感知技术
	车车/车路协同感知技术
	智能汽车乘员状态感知技术
	智能汽车轨迹规划技术
	智能汽车 ADAS(高级驾驶辅助系统)综合决策技术
	智能汽车高等级自动驾驶决策技术
	智能决策算法与行为决策技术
	智能汽车关键线控执行技术(驱动/制动/转向/悬架系统)
	智能汽车执行器容错控制技术
	智能汽车车辆多目标智能控制技术
	智能汽车人机共驾技术
	智能脑机交互技术

续上表

类　　别	技　术　名　称
载运装备	智能汽车人机交互界面(HMI)技术
	智能座舱技术
	智能汽车新型电子电气架构关键技术
	智能汽车 LTE-V2X 无线通信技术
	智能汽车 5G 专用通信芯片
	智能汽车车载信息交互终端
	智能汽车车联网组网技术
	智能网联汽车国家基础大数据云平台管理技术
	智能汽车中心云-边缘云数据平台架构技术
	智能网联跨行业大数据合作应用技术
	端-网-云平台数据信息安全技术
	智能化路侧基础设施技术
	固态多线激光雷达传感器
	智能汽车专用处理芯片
	智能汽车通用处理平台
	智能汽车 AI 深度学习芯片
	智能汽车自动驾驶通用计算平台
	智能汽车共用软件基础平台
	智能汽车车载智能操作系统
	基于北斗及无卫星信号的高精度定位技术
	高精度动态数字地图技术
	无卫星信号环境下高精度定位技术
	智能汽车多领域技术标准法规
	智能汽车测试评价方法与标准
	智能汽车测试及示范应用区建设
	智能网联汽车仿真技术
	复杂交通环境下空地协同无人驾驶技术
	基于无人驾驶汽车的共享出行系统技术
	基于端-网-云体系的智能汽车信息安全技术

续上表

类　　别	技　术　名　称
载运装备	网联式智能驾驶技术
	车联网环境构建及服务技术
	车载智能计算平台技术
交通基础设施	道路和桥梁建造新型材料
	交通基础设施维修加固新型材料
	跨海集群工程建造技术
	交通基础设施精细化地质勘察技术
	道路基础设施全寿命设计技术
	隧道可维护防排水技术
	水下结构物抗震减震技术
	交通基础设施高品质建造技术
	极端恶劣环境下道路设施建设与延寿技术
	海工混凝土结构长寿命保障技术
	道路基础设施安全性能提升技术
	交通基础设施施工安全风险评估、监测预警及事故快速追溯技术
	交通信息能源设施网络融合关键技术
	道路交通安全智能感知与主动防控技术
	交通基础设施智能化维养技术
	道路设施全生命周期健康分析与评估技术
	绿色环保型宁静道路建设技术
	工程创面生态修复技术
	大数据驱动道路交通行为识别与解析技术
	多维复合体系下道路网络多层次布局规划与设计技术
	道路工程标准化、数字化、智能化、泛在化多位一体建造技术
	基于大数据的道路交通流预测技术
	基于大数据的多模式交通行为分析与预测技术
	基于人工智能的交通设施建设监测技术
	路面结构和状态安全风险发展预测技术
	路面结构和运营安全性评估、预警和养护决策技术

续上表

类　　别	技　术　名　称
交通基础设施	多模态道路设施智能监测网的建立与优化
	基于道路智能养护技术的新材料开发、新技术应用
	基于新材料的道路功能智能化复合叠加技术
	基于道路平台的废旧资源再生利用技术
	道路空间新能源开发及集约功能体系优化技术
	面向无人化载运装备的道路设施与服务智能化技术
	生态环保可持续道路交通基础与服务技术
	道路工程全时域行为状态动态感知与智能决策技术
	环境友好型道路功能叠加技术
	基于道路空间平台的再生能源集成技术
	道路资源与生态体系建设与优化技术
运营管理与服务	道路交通场景目标全息感知技术
	交通基础设施检/监测数据融合分析与多灾种、多风险精准预警技术
	云-端交通服务与管理一体化关键技术
	综合交通运输网络协同运行与风险防控技术
	互联网交通安全综合服务管理关键技术
	自动驾驶车辆交通安全测试认证技术
	交通基础设施智能化维养技术
	智能高效旅客联程运输服务关键技术
	危险货物道路运输安全监管及应急处置技术
	交通信息能源设施网络融合关键技术
	道路交通安全智能感知与主动防控技术
	多式联运智能高效载运关键技术
	新能源车辆与自动驾驶车辆性能测评技术
	汽车运行在途智能诊断、预警和运维支持技术
	道路交通主体行为特征与性能衰变基础理论研究
	基础设施服役状态与交通信息的智能化动态感知、分析与决策技术
	泛在交通信息下的智能化管养物联网络建设与优化技术
	智能交通环境下道路交通安全保障体系构建与动态优化

续上表

类　别	技　术　名　称
运营管理与服务	道路交通绿色化功能叠加技术
	道路交通路域空间和体系资源化技术
	大数据＋人工智能道路交通服务提升
	车路协同、信息交互和集成验证技术
	车路交互式行车安全和协同控制系统技术
	车路协同系统交通协调控制
	车路协同系统、仿真、测试与验证
	基于大数据的交通流分析和交通特征挖掘技术
	多模式交通协同组织、柔性调度与应急处置
	人-车-路多维协同的智能道路交通体系
	面向人-车-路协同的智能化道路设施与服务技术

3.1.3 航空运输领域

航空运输领域的新技术集合见表 3-3。

航空运输领域新技术集合 表 3-3

类　别	技　术　名　称
载运装备	亚轨道飞行器的设计制造和运行控制技术
	新型太阳能高空长航时无人机技术
	离子推进技术
	新型流体电池技术
	电动推进客机设计集成技术
	高性能增材制造航空零部件设计、制造技术
	先进复合材料机身建造技术
	高强度材料及大部件 3D 打印技术
	纳米复合材料技术
	智能化蒙皮技术
	超音速客机设计集成技术
	大型客机基于模型的系统工程(MBSE)研制技术
	混合翼身融合布局客机设计技术

续上表

类别	技术名称
载运装备	可感知、可变型、功能性智能机翼技术
	飞机轻量化结构设计技术
	多用途飞行汽车设计技术
	基于5G通信的航空制造智能工厂
	大型飞机综合健康管理(IVHM)技术
	电动垂直起降喷气技术
	无人机超视距飞行技术
	高精度机载空中间隔动态管理技术
	复杂恶劣气候下连续下降/爬升技术
	高速飞行异物快速精准感知与避让技术
	无人机自主决策技术
	人机协同的驾驶舱资源管理技术
	全四维航迹运行技术
	恶劣天气下空中交通状况感知技术
	下一代抗干扰、高精度定位导航及授时技术
	微纳卫星精确交会对接技术
	广域高精准多点定位技术
交通基础设施	大截面复杂节点劲性结构施工技术
	地源热泵建造技术
	超大复杂基础工程高效精细化施工技术
	超大平面混凝土裂缝控制综合技术
	大平面结构隔震、减震成套技术
	机场飞行区设施智能监测与互联技术
运营管理与服务	有人机/无人机混合运行安全管控技术
	无人机物流运输控制与管理技术
	机场与空管一体化协同运行技术
	多机场协同运行控制与安全技术
	大型航空港综合交通枢纽管控技术
	大规模机场场面活动引导与控制技术

续上表

类　别	技　术　名　称
运营管理与服务	机场与航路无人飞行校验技术
	机器人AGV(Automated Guided Vehicle)运用梳齿交换技术
	基于异构网络的空中交通环境监视与态势共享技术
	面向高容量、抗金属的射频识别(RFID)技术
	航空运行安全监视网及服务技术
	强抗干扰、长距离、全覆盖监视雷达技术
	星基通信导航与监视技术
	高精度飞机通信寻址和报告技术
	机场精密进近着陆卫星导航技术
	航空飞行全阶段宽带通信技术
	空中交通多源数据融合技术
	大数据环境下交通行为建模分析与挖掘技术
	智能空域整合技术
	空地实时气象信息共享技术
	民航全系统信息集成及大数据应用技术

3.1.4 水路交通领域

水路交通领域的新技术集合如表 3-4 所示。

水路交通领域新技术　　表 3-4

类　别	技　术　名　称
载运装备	智能航行操控技术
	智能船舶一体化信息技术
	船舶能源与动力系统智能管理技术
	船舶智能监控系统技术
	船舶自动靠泊及装卸技术
	船体线型智能设计与优化技术
	绿色船舶设计及优化技术
	船舶污染防控与节能技术
	船舶压载水生物入侵防控技术

续上表

类　　别	技　术　名　称
载运装备	船舶减振降噪技术
	船舶动力系统设备轻量化技术
	船舶甲板机械轻量化设备技术
	船用燃料电池动力系统技术
	船舶燃料多元化应用关键技术
	船舶清洁替代能源技术
	船舶风能利用技术
	船舶生物柴油利用技术
	超导磁流体推进技术
	水动力性能优化技术
	混合动力高效推进技术
	大中型邮轮设计建造技术
	船用耐低温材料技术
	船舶海上实尺度测试、在线监测及风险评估技术
	冰力学特性与冰水池试验、冰水动力性能预报技术
	绿色船舶与能效提升技术
	基于航行脑系统的智能船舶研发与设计技术
	"航行脑"的驾驶行为与船舶运行控制技术
	船舶信息化技术
	特种船舶、极地船舶的设计与建造技术
	非碳能源的应用技术
	基于大数据的船舶/船队能效优化管理技术
	船用清洁高效动力系统设计技术
	大型邮轮设计制造技术
	船舶尾气排放监管与控制技术
	船联网与水路大数据技术
	智能船舶技术标准体系、技术评测及其标准、应用技术法规
	基于人工智能的无人船自主航行技术
	混合动力系统协同设计技术

续上表

类　别	技 术 名 称
载运装备	新能源船用系统性能试验技术
	新能源船用安全保障技术
	船舶能效管理与优化技术
	船用并网逆变技术
	船用储能技术
	船舶综合直流组网技术
	应用新能源与新型的动力与推进技术
	人-船-岸-环境-货物互联的船舶物联网技术
	船舶综合智能管控技术
	节能环保的船型优化技术
	综合监测-评估-决策的船舶生命周期辅助决策技术
	船舶岸电技术
	面向不同场景的智能船舶规划设计技术
	智能船舶测试验证技术与规划标准制定
	智能船舶数据安全与设备系统防范技术
	少/无压载水船舶设计技术
交通基础设施	基于电子标签自动识别系统的港口信息安全管理技术
	自动化无人堆场系统与自动化装卸技术
	码头装卸作业的管理和监控的数字化技术
	大型港口机械设备防风安全性能与试验技术
	港口机械设备状态监测与诊断技术
	多尺度航道全要素变化智能融合监测及模拟技术
	基于流程与数据驱动的航道协同维护管理技术
	面向多类用户的多模式航道信息公共服务技术
	航道与航运系统协同运行与综合运输规划决策技术
	航道整治环保施工装备技术
	通航河流生态建设与健康维系关键技术
	基于人工智能和物联网技术的集装箱监控与预警
	基于物联网技术的货物跟踪

续上表

类 别	技 术 名 称
交通基础设施	基于云计算和大数据分析的作业行程管理
	港口多源空间信息智能融合技术
	港口危险货物安全风险评估与应急处置技术
	离岸深水港建设关键技术
	岛群中建港水动力关键技术
	粉沙质海岸泥沙运动规律及航道防淤减淤技术
	淤泥质海岸建港及适航水深技术
	远海岛礁港口码头建设技术
	高等级航道网通航枢纽及船闸水力学创新技术
	内河航道长河段系统治理技术
	山区河流两坝间航道治理关键技术
	大型河口深水航道建设与治理技术
	内河航道岸坡生态治理技术
	沿海高桩码头健康监测与信息处理关键技术
	自动化集装箱码头建设技术
运营管理与服务	基于区块链的航运物流资源整合与服务技术
	基于大数据的航运物流供需能力匹配与规划
	航运物流集装箱全链条定位技术
	基于物联网的航运物流能耗优化控制技术
	智能船舶交通管理技术
	基于 AI 的船舶智能配载技术
	海事态势感知技术
	电子巡航技术
	E-Navigation 技术
	船舶增强驾驶、远程遥控驾驶以及完全自主驾驶技术
	港口基础设施与装备智能化设计技术
	水路交通系统网联化技术
	船舶智能航行技术
	船舶智能机舱技术

续上表

类　　别	技　术　名　称
运营管理与服务	智能船舶泛在传感与边缘计算技术
	智能航运系统信息通信与网络安全技术
	无人船水上交通安全风险管控技术
	港口物流智能管理技术
	港口基础设施与装备智能化设计技术
	基于大数据的船队优化管理技术
	基于大数据的智慧航道建设技术
	基于大数据的海事安全保障技术
	基于大数据的航运物流供需能力匹配与规划技术
	船舶动力系统振动噪声实时监测及故障诊断技术
	智能船舶遇险救助技术
	船岸网络信息安全管理技术
	智能货物管理系统技术
	船舶机舱智能维护技术
	基于大数据的综合航道控制系统技术
	航运系统大数据资源的多维组织及系统构建
	多式联运技术与现代海运网络

3.2　交通运输领域相关新兴使能/赋能技术

3.2.1　智能感知与识别技术

　　智能感知与识别技术作为一项前沿和热点技术，通过采用智能传感器，将检测信息的功能与微处理器的信息处理功能有机融合在一起，从而实现信号收集、处理与分析判断，且具有自校准、自诊断功能。

　　在轨道交通领域，智能感知与识别技术是智能故障诊断、在途智能监测、智能驾驶等新技术领域的根基。采用智能传感器对列车自身数据进行采集与辨析，从而获取状态信息、实时故障情况信息，并进行评估认知，为列车驾驶决策提供依据。

　　在道路交通领域，智能感知与识别技术涵盖位置识别、地理识别和物体识别等诸多方面，对交通要素的识别是实现交通物联网全面感知的基础。带有全球定位系统芯片的智能手机和车辆在使用交通信息服务系统时，自己也成为交通信息的提供者。智能手机和车载设备的定位数据直接传送到汽车服务商或信息服务商的信息中心，处理后得到道路拥堵信息，并发回给系统内的车辆用户和智能手机用户。例如，车联网位置感知技术主要采用卫星定位技术，位置感知是车联网最重要的感知技术之一，它是车辆行车监控、在线调度、智能交通和辅助驾驶的基础技术。目前全球最重要的位置感知技术体系主要应用GPS系统和中国北斗卫星导航系统，其中中国北斗卫星导航系统将成为重要的位置感知时空技术。

3.2.2 大数据处理技术

物联网技术的快速发展使得数据采集量成百上千倍地增长，呈现出高容量、多种类、高增速等大数据特征。面对大数据，常规数据处理方法无法在一定时间范围内对数据信息进行捕捉、管理和处理，需要新处理模式才能实现数据的专业化处理与增值。

大数据已然成为数据处理领域的热门关键词，对现有的信息技术体系提出了一系列挑战，孕育着体系重构和颠覆式发展的新机遇。在大数据处理技术不断应用落地的同时，大量新技术涌现，包括大数据的获取、大数据的预处理、大数据管理、大数据分析、大数据可视化等。其中大数据获取技术关注针对大数据源的智能识别、感知、适配、传输、接入等技术；大数据预处理技术主要是针对已经完成收集的数据进行辨析、抽取、清晰等操作，从而实现将复杂的数据转化为单一或者便于处理的结构，实现数据的去噪和提升数据分析的精准度；大数据管理技术主要是解决大数据的可存储、可表示、可处理、可靠性和有效传输等核心的问题；大数据分析技术是大数据分析的核心环节，是对已有数据通过各种分析手段，实现数据价值的过程；大数据可视化技术可促使数据分析的问题更加直观。

在交通运输领域，海量交通信息数据的分析与处理技术是交通物联网应用大规模发展面临的主要挑战之一，只有通过大数据管理和处理技术的应用，才能更加准确地描述交通运输系统。

大数据处理技术所涉及的几个典型单项技术主要包括：

分布式数据处理技术通过将海量数据分散在云平台的多个服务器节点上，并执行数据运算任务，将进一步提高交通物联网应用系统的处理性能。基于此，分布式内存数据库非常适合海量交通数据的实时处理,有望解决交通物联网的海量交通信息数据计算的瓶颈问题。大数据技术为交通物联网提供了重要的支撑平台,交通物联网依赖于云计算技术为其提供"智慧交通"服务的处理能力。

云计算(Cloud computing)是一种基于互联网的计算方式。通过这种方式,共享的软硬件资源和信息可以按需求提供给计算机各种终端和其他设备。云计算是继 20 世纪 80 年代大型计算机到客户端-服务器的大转变之后的又一巨变。用户不再需要了解"云"中基础设施的细节,不必具有相应的专业知识,也无须直接进行控制。

雾计算(Fog computing)是一种分布式的计算方式。作为云数据中心和物联网(IoT)设备/传感器之间的中间层,它提供了计算、网络和存储设备,让基于云的服务可以离物联网设备和传感器更近。雾计算概念的引入,也是为了应对传统云计算在物联网应用时所面临的挑战。

边缘计算(Edge computing)是一种通过在数据源附近的网络边缘执行数据处理来优化云计算系统的方法,通过在数据源处或附近执行分析和知识生成来减少传感器和中央数据中心之间所需的通信带宽。这种方法需要利用可能不能连续连接到网络的资源,如笔记本电脑、智能手机、平板电脑和传感器。边缘计算涵盖了无线传感器网络、移动数据采集、移动签名分析、协作分布式 ad hoc(点对点)网络和处理,可分为本地云/雾计算和网格/网格计算、移动边缘计算、分布式数据存储和检索、自主自愈网络、远程云服务、增强现实等。

边缘计算与云计算不是取代关系,而是一个逻辑整体。如果把云计算比作统筹的大脑,边缘计算就是具有计算能力的神经触角。云计算负责长周期数据的大数据分析,边缘计算着眼于本地、实时、短周期的数据分析;边缘计算在云计算中心的统一管控下处理和存储数据,云计算中心则为边缘计算提供强大的计算和存储能力支持。

边缘计算在智慧交通中的作用将主要体现在以下 3 个方面:

(1)提升本地处理能力。边缘计算的应用将明显提升交通管制方式的智能化和人性化,因为边缘计算能够更快捷地完成数据处理任务,从而保证交通运输领域对于实时性的高要求。

(2)降低网络和云计算平台的负担。边缘计算可以把本地的数据进行本地处理,而把最终的处理结果发送到云计算平台,这样一方面降低了网络传输的负担,另一方面也加速了数据的处理速度。

(3)数据边界化。边缘计算在智慧交通中起到的另一个重要作用就是数据的边界化,由于交通运输环境下产生的大量数据在处理之后就没有存储的价值了,此时边缘计算在完成数据处理之后就可以直接把这些数据丢弃掉,这样就能够保障数据处理的边界化。

3.2.3　高可信、高速泛在移动通信技术

高可信、高速泛在移动通信技术是提升移动互联网和物联网的整体水平,助推车联网、物联网、智慧城市、无人机网络等新兴技术发展的重要保障之一,是发展智能交通、建设智慧城市、构建智慧地球的强有力支撑。

第五代移动通信技术(简称 5G)是最新一代蜂窝移动通信技术,其性能目标是高数据速率、减少延迟、节省能源、降低成本、提高系统容量和实现大规模设备连接。基于 5G 的车联网已经成为全球瞩目的发展方向,"智能"和"安全"将成为发展的两条重要主线。只有承载在 5G 上,车联网的 C-V2X 技术才能实现,也就是车与万物互联,旨在提升汽车安全性、自动化驾驶,并提升交通效率。

智能交通是智慧城市的一部分,交通产生的数据是智慧城市综合管理的重要组成要素。通过 5G 将传统有线视频数据传输变更为无线数据传输,极大地降低了设备安装成本,缩短了实施周期。以 5G 为基础的智慧站牌、智慧红绿灯等交通相关设施的升级,将社会知识信息、公共交通信息、人流数据信息等,基于云计算、大数据分析和 CDN(Content Delivery Network)分发等,按需进行智能推送,将极大方便公众的出行与工作生活。

在交通运输领域,自动驾驶作为 C-V2X 技术应用范畴中的重要一环,同样高度依赖 5G 网络的高带宽和低延迟的特性。车辆在自动行驶的过程中会通过大量的摄像头和传感器收集到海量的数据,同时需要与交通设施和其他交通参与者以及云计算等进行海量交互,这些数据的通信就需要一个足够宽广的通道来运行,这就是 5G 网络能够辅助自动驾驶的基础。

3.2.4　区块链技术

区块链技术是指基于密码算法、共识机制、博弈论等进行融合和创新,在对等网络中构建可信的数据存证,从而在不依赖特定中介的情况下实现价值的可靠传

递，带来新的应用模式和组织形式。狭义来讲，区块链有两种定义：①在对等网络环境下，通过透明和可信规则，构建不可伪造、不可篡改和可追溯的块链式数据结构。②使用密码技术将共识确认的区块按顺序追加而形成的分布式账本。区块链本质上是一种分布式的存储账本，它具备了去中心化、不可篡改及可追溯的特征，是一项将给未来社会带来颠覆性变化的全新科技，在价值传递和协作模式创新等方面发展潜力巨大，能够在协议、经济、社会等更高层面带来更为广阔的想象空间。

基于区块链点对点、分布式存储的特性，未来在虚拟的网络世界中，交易双方通过遵循数字化体系，在数以万计的节点共同监督下完成每一笔交易，并且账本清晰可查，不可篡改。从这方面来看，区块链所带来的技术价值将有可能改变现有的互联网底层协议，形成一种新的信任机制和协作模式，并完成价值传递。区块链技术可以实现5G环境下的安全数据交换，任何组织或者个人都不能擅自篡改链上的数据，即使一旦有人非法篡改了链上的数据，区块链技术的可追溯功能将立即追溯到修改人，让篡改者无处藏身。

3.2.5 类脑计算技术

在面对各类城市问题时，我们拥有布满天空的卫星、充分的气象信息、无处不在的摄像头、大量的无线通信终端、海量的移动通信数据，收集所有可能的数据使大数据成为向人工智能技术发展的重要推手。城市的物理系统需要整合资源、统一管理，充分利用人与设备的自我感知能力，实现各类数据的快速采集与共享，位于本地或云端的便宜的存储，这些都催生了对更复杂的数据分析方案的需求——更加具有洞察力，更加智能。

人工智能技术（Artificial Intelligence，AI）是对人的意识、思维的信息过程的模拟，可以改进搜索质量，可以让计算机无限接近人的大脑，并且可以通过深度学习等机器学习算法，实现对物体的识别、人脸的识别。它是计算机学科的分支，通过模拟情景、人的意识和思维独立完成具体指令。AI涉及的领域包括机器人、语言识别、图像识别、专家系统等，它已经逐渐融入现代生活，而且在交通运输领域得到了广泛研究与应用。例如，无人车核心是基于人工智能的汽车大脑，目前汽车大脑基于云端数据和传感器的数据，为汽车提供高精度地图、高精定位、智能感知、智能控制的自动驾驶整体解决方案。

类脑计算是指借鉴大脑中进行信息处理的基本规律,在硬件实现与软件算法等多个层面,对于现有的计算体系与系统做出本质的变革,从而实现在计算能耗、计算能力与计算效率等诸多方面的大幅改进。类脑计算会是人工智能未来的重要方向,达到像人脑一样去思考和学习。类脑的目的是模仿大脑处理信息的方式,而它与深度学习的不同之处在于人脑处理的都是动态的时空信息。

近年来类脑计算领域取得的相关研究成果主要包括:大脑启发计算与电阻切换记忆(RRAM);类脑认知计算的通用软件平台;解决模糊多准则决策问题的类脑方法(BIFMCDM);具有时间编码和学习的类脑尖峰神经网络模型;GPU(Graphics Processing Unit)加速峰值神经网络模拟中突触更新的动态并行性。类脑计算属于新兴技术,离工业界实际应用还有较大差距,这正好为研究者提供了重要研究方向与机遇。

3.2.6 情绪辨识技术

情绪辨识技术是指结合人工智能手段,通过获取个体的生理或非生理信号对个体的情绪状态进行自动辨别,是情感计算的一个重要组成部分。情绪辨识技术研究的内容包括面部表情、语音、心率、行为、文本和生理信号识别等方面,通过以上内容来判断用户的情绪状态,是图像识别技术的一种延伸。

机器理解人类情绪的方法其实和人类一样是看脸和听声。机器要想识别人的情绪,需要具备强大的计算机视觉系统。由于照相机技术和计算机视觉算法的发展,计算机通过面部表情、眼动方式、肢体语言、说话方式甚至抬头等理解我们的能力显著提高。人工智能在情绪辨别技术上还有很长的路要走,但目前已经逐步找到了一条技术路线:让机器对情感表达的各种信号(面部表情、语言、语音等)进行分析并输出结果。

新一代人工智能系统的首要任务就是需要具备"感性"的情感连接能力,这样才能以更像真实人类的方式满足人们普遍心理和情感需求,从而逐步建立信任和依赖感。微软构建了一个完整可持续的对话系统,不只限于语义学,而是基于搜索引擎、大数据和机器学习的系统模拟方法。日本软银公司的"情感机器人",能够通过判断人类的面部表情和语调的方式,"读"出人类情感,使用基于云端的面部和语音识别来完成这些任务。它的设计本意是陪伴,它可以与人交流,还可以模拟人类的行为和感情,例如同情心,甚至是爱。伦敦初创公司 Realeyes 能够通过网络摄像头或智能手机识别面部情绪。其数据库中存储了 500 多万张人脸图像。这项技术还可以自动探测人的性别和年龄段，与其他数据合并，就可以建立更加详细的数据库。卡内基·梅隆大学研究团队开发的 Intra-Face 应用可以识别面部特点，还可以感知人的情绪。它识别的速度足够快，效率也足够高，可以安装在智能手机中。一段视频显示，软件可以感知到驾驶人注意力不集中，它能纠正驾驶人的不当行为。视频还显示，一位父亲在开车时为了照顾孩子，车子偏离了道路却丝毫不知道，软件即发出警告。起源于加利福尼亚大学的"机器感知实验室"的人工智能公司 Emotient 已经能够分辨出类似于喜悦、愤怒、悲伤、惊讶等基础表情，还能够分析出一些更细微和复杂的表情，比如焦虑以及沮丧。他们最终的目的是打造一套"无所不在"的人类情感分析系统。Emotient 利用摄像头来捕捉、记录面部肌肉运动，并根据其计算模型来分析出面部表情，最终得出关于表情的动态结果。IBM 开发出了能感知人类情绪的在线客服系统，他们在客服系统的原有代码上加入了"情感识别"的新代码，使机器人能够准确判断用户的情绪，从而提供更好的服务。

国内方面，中国科学院重庆研究院下属企业云从科技与上海交通大学的联合实验室研发出人脸识别人工智能测谎仪。该测谎仪首先通过摄像头捕捉人脸关键点，配合非接触式传感器分析性别、微表情、肤质、颜色、局部温度、心率、语音等神经、生理的外在表现，根据对应的唯一关系，反推心理，探测出内心的倾向，相比传统的情绪识别更进一步。万人集团展示了一款名为"万宝"的情感机器人，内置的"情感引擎"具备感情识别功能，能够阅读分析人类的面部表情、语音语调、讲话内容来"读懂"人类当前的情绪，从而灵活应对各种情况。

此外，基于平稳小波熵和 Java 算法的智能人脸情感识别方法，提出了一种新颖的智能情感识别系统，使用平稳小波熵提取特征，并采用单隐层前馈神经网络作为分类器引入 Java 算法，提高了识别准确率。基于 Softmax 函数回归的深度稀疏自编码器网络用于人机交互中的面部情感识别，使用深度稀疏自编码器网络（DSAN）来学习面部特征，用于学习高级结构的隐藏单元的稀疏性。同时，Softmax 函数回归（SR）用于分类表达特征，它旨在通过使用 SR 来处理深度学习输出中的大数据，而且为了克服训练过程中的局部极值和梯度扩散问题，整体网络权重被微调以达到全局最优，这使得整个深度的神经网络更鲁棒，从而提高了面部情感识别的性能。

情绪识别技术在交通运输领域的应用主要体现在对驾乘人员驾驶过程中的监

控。通过识别驾乘人员驾驶过程中的情绪变化，及时辨识出异常情绪并报警，可提高行程中的安全性。随着辨识效率和算法的提升，可从驾驶辅助决策逐步进化为主动判别，一旦驾乘人员出现情绪异常，可采取不同的主动应对措施，避免事故发生。还可推广到乘客群体，对乘客情绪进行辨识、监控，避免不必要的群体事件发生。总之，情绪辨识技术在交通运输领域有着十足的发展潜力和价值。

3.2.7 人机情感交互技术

人机情感交互，顾名思义就是让机器能够更人性化地与人进行情感沟通、交流，让人感觉不到机器的冰冷和呆板，根据人的表情、语言、肢体行为等，通过不断学习建立情感交互模型，可以洞察人的面部表情、语气、语义、肢体变化，感知人的情感变化，从而更好地与人进行沟通、交流。

人机情感交互是从视觉、语音、动作等不同生理信号入手，深入分析这些信号的时序序列、前后关系和抽象特征，进而形成一个拟人的、友好的情感模型，经过不断训练、迭代进行优化，以达到可以体察人的不同生理变化，进行相应反馈的人机交互系统。该技术可以解决现有人机交互系统中的不友好、不拟人等问题，在不同领域有着广阔应用前景。

人机情感交互主要涉及情感模型、人脸表情交互、语音信号情感交互、肢体行为情感交互、生理信号情感识别、文本信息中的情感提取和情感仿生代理等不同方面，可在情感处理学习、自闭症治疗、决策、用户体验、健康行为改变和车辆驾驶等背景中广泛应用。

美国麻省理工学院、德国奥斯堡大学、葡萄牙里斯本大学等欧美知名大学在多通道人机交互系统、虚拟学习环境搭建、情感语言合成、情感语音标注等领域进行了深入研究，并取得一定成果。国内以中科院为代表，在情感语义理解、神经计算、分布式人工智能、认知科学等方面均有所建树。

在辅助机器人领域，人可通过自身头部运动控制机器人。可实现与聋哑人正常交流。在健康领域，实现远程医疗保健应用，通过情感计算和拟人技术，通过生理数据感知，自然地与人进行交流，增加对病人的关注力度，改善健康指标。

此外，基于改进的大脑情感学习模型的语音情感识别，融合了自适应神经模糊推理系统（ANFIS）和多层感知器（MLP），用于语音情感识别。使用演化算法的基于图像的情感识别，将进化算法与线性判别分析（LDA）相结合，以增强基于静态图像的面部表情系统中的特征选择。面向情感识别的混合深度神经网络，提出一种混合卷积-递归神经网络方法用于图像中的情感识别。一种用于学习人与物体交互的自组织神经网络结构，提出一个自组织神经网络，用于识别 RGB-D（深度图像）影像中人物的相互作用。

交通运输领域中存在大量的人机交互场景，如驾乘人员操控车辆、旅客信息系统与乘客的互动等。引入人机情感交互技术，可让人与机器更加友好地交流，机器更能理解、体会人的意图，从而进行辅助决策，进而为真正的无人驾驶、无人服务的实现提供有力保证。节省成本、提高服务效率和安全性，是人工智能与交通领域应用的最佳结合点，有着深远意义和潜在价值。

3.2.8 物联网技术

物联网（The Internet of Things，简称 IoT）是一个基于互联网、传统电信网等的信息承载体，它让所有能够被独立寻址的普通物理对象形成互联互通的网络。通过各种信息传感器、射频识别技术、全球定位系统、红外感应器、激光扫描器等各种装置与技术，实时采集任何需要监控、连接、互动的物体或过程，采集其声、光、热、电、力学、化学、生物、位置等各种需要的信息，通过各类可能的网络接入实现物与物、物与人的泛在连接，实现对物品和过程的智能化感知、识别和管理。

认知物联网是将认知计算技术与互联设备产生的数据和这些设备可以执行的操作结合使用，是认知计算与物联网技术的融合，是让计算机具有理解、推理、学习的能力，从而可以在物联网基础上构成的复杂数据关系、模型中，自主分析、判断，得出一系列解决方案，以减少人为主观干预。

认知计算是一种全新的计算模式。早在 1979 年，认知科学就已经在美国成为一门独立学科，清华大学也为认知科学设立了相应的专业。但是直到最近几年，这门带着神秘面纱的前沿科技才被推到了大众面前。究其原因，除了需求侧的拉动，更重要的一点就是物联网的兴起为其提供了营养丰富的"数据沃土"，真正能够产生洞察的关键是能够解读非结构化数据。因此，认知计算被认为是未来真正的数据时代所需要的技术。

在电子制造领域，通过物联网认知分析、数据管理和保护，能够更好地服务消费者，让消费者享受智能电器的便利性。在电子行业质检领域，采用认知视觉检测解决方案，解决了人工检测成本高、效率不稳定等问题，使得品质检验效率大幅提高。

在交通运输行业,利用基于云的物联网平台,通过成千上万个组件,从不同渠道获取各类数据及信息,并产出实时洞察,辅助运营商管理设备,从而提高运输的质量、安全性和可用性。在零售行业,认知型物联网可以让零售商深入了解客户的数字化购物行为,通过在商店里收集的信息,为客户打造个性化的购物体验。在水环境治理领域,认知图像识别和语音智能交互解决方案,可以让图像识别产品对视频图像进行缺陷特征分类学习,并识别自然水体及相关内容,有望在河长制、防洪减灾、海洋水环境保护等多个领域落地,有效解决视频站点多、利用价值低等问题。

在其他方面,云计算环境下物联网应用任务调度的智能/认知模型,使用类生物方法的认知或智能模型被用于在异构多处理器云环境中为物联网应用寻找任务调度的最佳解决方案。用于促进物联网环境中数据互操作性的自我演化智能算法,能够适应和自学,以及设想和分析多个抽象层次上的事件,以衡量关联和相互关系。

当前,万物互联的物联网技术已经在大数据、云计算、传感器等日臻成熟的技术支撑下,逐步趋于完善。但认知计算对于我们来说还是比较前沿,如何让计算机通过感知,从大量复杂的数据、关系中自主推理是认知物联网的关键。认知物联网是一门跨学科、多交叉的融合专业,一旦有所突破将在不同应用领域有非常大的发展潜力。

轨道交通领域中"车辆端-控制端-乘客端"都存在大量的数据关系,目前仅仅通过云计算、物联网等手段,探索使用了很小一部分,如果将这些实时产生、体量庞大的数据,梳理出他们之间的逻辑关系、数据模型,让计算机自主决策,可以减少大量人工操作,提高调度、运输及出行的效率,节约成本,是提高运营能力、满足不同运输需求的高级解决方案,在轨道交通领域有着很大的发展前景。

3.2.9 高精度精准定位技术

美国 GPS 卫星导航系统是利用在空间飞行的卫星不断向地面广播发送某种频率并加载了某些特殊定位信息的无线电信号来实现定位测量的定位系统。该系统由空间运行的卫星星座、地面控制部分、用户部分三部分组成。

北斗卫星导航系统(以下简称北斗系统)是中国着眼于国家安全和经济社会发展需要,自主建设、独立运行的卫星导航系统,是为全球用户提供全天候、全天时、高精度的定位、导航和授时服务的国家重要空间基础设施。

卫星导航系统一般由空间段、地面段和用户段三部分组成。①空间段。北斗系统空间段由若干地球静止轨道卫星、倾斜地球同步轨道卫星和中圆地球轨道卫星三种轨道卫星组成混合导航星座。②地面段。北斗系统地面段包括主控站、时间同步/注入站和监测站等若干地面站。③用户段。北斗系统用户段包括北斗兼容其他卫星导航系统的芯片、模块、天线等基础产品，以及终端产品、应用系统与应用服务等。

卫星导航系统的建设实践，实现了在区域快速形成服务能力、逐步扩展为全球服务的发展路径，丰富了世界卫星导航事业的发展模式。北斗系统具有以下特点：一是北斗系统空间段采用三种轨道卫星组成的混合导航星座，与其他卫星导航系统相比，高轨卫星更多，抗遮挡能力强，尤其低纬度地区性能特点更为明显。二是北斗系统提供多个频点的导航信号，能够通过多频信号组合使用等方式提高服务精度。三是北斗系统创新融合了导航与通信能力，具有实时导航、快速定位、精确授时、位置报告和短报文通信服务五大功能。

高精度定位技术在交通运输行业有着广阔的发展和应用前景，其中智能交通是重点应用领域之一。在大数据、云计算、物联网等技术的支撑下，卫星导航系统已和智能交通协同融合。未来，北斗系统可为自动驾驶、车联网、智能交通等提供有力的技术支撑。

3.2.10 增强现实技术

增强现实（Augmented Reality，简称 AR）技术，是一种实时计算摄影机影像的位置及角度并加上相应图像的技术，这种技术的目标是在屏幕上把虚拟世界套在现实世界并进行互动。这种技术最早于 1990 年提出，随着随身电子产品运算能力的提升，增强现实的用途也越来越广。

增强现实技术是虚拟现实技术最重要的分支之一，它将真实世界和计算机生成的虚拟世界无缝融合在一起。理想的增强现实系统不仅提供实时的、逼真的、高解像度的 3D 场景，而且需要有一套复杂跟踪定位设备和交互感应设备，以此来实现人与虚拟环境的无缝融合，并使人通过最自然的操作与虚拟世界中的三维物体进行实时交互。增强现实技术可以将不可抵达现场的真实世界或者存在于人们想象中的虚拟世界用三维动画模拟的方式生动形象地展现在现场的人们面前。

增强现实技术的研究范围非常广泛,包括多门技术:信号处理、计算机图形学、图像处理、三维建模技术、三维渲染技术、显示技术。其中显示技术又可分为头盔显示器、投影式显示、手持式显示器、3D 电视机等五类。

在道路交通领域,可依托于先进的 AR 技术和视频智能分析技术,基于业内首创的 AR 摄像机和视频地图引擎,开发具有高度智能化的交通可视化监测应用系统。将 AR 与交通大数据、交通管控业务平台结合,结合 AR 标签技术、增强现实摄像机 3D 自动定位技术,同时引入无人机、汽车电子标识等新技术,在前端实现全路网交通态势与重点路口路段区域的高低点实景地图融合,集成各个交通业务界面的统一展示和控制,同时在后端打通各个交通业务系统的数据通道并完成业务数据的深入挖掘、分析和可视化展示,对城市交通进行全方位、立体化的综合监测和管理。

3.3 可能对交通运输领域产生变革性影响的新技术

3.3.1 超材料技术

(1) 技术内容

超材料技术是指一些具有人工设计的结构并呈现出天然材料所不具备的超常物理性质的人工复合结构或复合材料。超材料的设计思想是通过在多种物理结构上的设计来突破某些表观自然规律的限制,从而获得超常的材料功能。超材料可以在不违背基本的物理学规律的前提下,人工获得与自然界中的物质具有迥然不同的超常物理性质的"新物质"。典型的超材料包括左手材料、光子晶体、非正定介质、电磁超材料等。电磁超材料是迄今为止超材料技术研究最为集中的方向。

我国对超材料技术予以了高度关注,分别在 863 计划、973 计划、国家自然科学基金等科技计划中予以立项支持。在电磁黑洞、超材料隐身技术介质基超材料,以及声波负折射等基础研究方面,已取得原创性成果。当前,超材料作为一项具有颠覆式创新的多技术交叉学科,得到了国家大力支持。在国务院《中国制造 2025》《"十三五"国家科技创新规划》,发展和改革委员会《国家"十三五"规划重大工程项目》、工业和信息化部、发展和改革委员会、科学技术部、财政部《关于加快新材料产业创新发展的指导意见》等国家政策方面都对超材料发展进行了科学规划。

（2）意义与作用

超材料作为一种新兴的材料逆向设计技术，不仅在军事领域展现了广阔的应用前景，而且其应用领域逐渐拓展到民用航空、交通装备、通信、安防等领域。当前，波音、雷声、丰田、LG电子等世界级跨国公司正着力推动超材料技术的产业化进程，积极抢占超材料市场份额，主要的研究方向集中在：①新型超材料及其功能的设计、性能优化及相关模拟仿真方法。②器件的制造。由于亚波长特征尺寸的限制，在光频波段进行器件制作需要高技术水平。③相互作用的研究。由于超材料的大多数性质都与表面/界面波有关，进一步探索这种近场波与自由空间电磁波的耦合，以及其材料内部的传播性质，需要不断更新理论概念、分析方法和实验测量技术等方面。

未来超材料技术将向更宽频谱(太赫兹、红外)、数字化、智能化(AI)等方向发展，主要集中在以下3个领域：①智能结构材料集成器件。如自诊断、自修复智能材料，传感器蒙皮材料，纳米波导，超衍射极限高分辨成像透镜等。②军用隐身材料。如雷达波/红外一体化隐身材料，自适应可控隐身材料、声学和热学超材料隐身技术、超材料多物理场兼容隐身技术等。③通信遥感系统。如可重构宽带综合射频天线，蒙皮共形天线等。

在轨道交通领域，电磁屏蔽超材料有着巨大的潜力。随着科学技术和电子工业的发展，各种电子设备应用的日益增多，电磁波辐射已经成为一种新的社会公害。2007年全国铁路第六次大提速后，我国的高速铁路事业开始迅速发展，CRH（China Railway High-speed）系列高速动车组广泛应用于全国各铁路干线。高速动车组的内部结构极其复杂，是集高压、变频、计算机控制、网络通信于一体的大型系统。它的顶部是2.5万伏的高压输电线，车厢内部集中了大量的电子设备与电缆线束，车厢下方的设备箱内又放置了大量的大功率牵引设备。各种强弱电信号交织在有限的车厢空间内，电磁环境十分恶劣，车厢内部的电磁骚扰还可能对人体产生不良影响。例如，动车车厢内外产生的低频磁场和电缆电线中电流产生的低频磁场都可能对心脏病人佩戴的心脏起搏器造成干扰，使其不能完成起搏工作，危及病人的生命安全。所以，高速动车组车厢内部的电磁环境是非常值得关注的。

作为一种最新的解决方案，电磁超材料已经在航空航天领域有了较为广泛和成熟的应用，其在改善高速列车的电磁环境上也有不可替代的作用。随着世界各国新一代超级高速列车概念的提出，对电磁材料的性能也提出了更高的要求，电磁超材料势必会对未来的轨道交通运输产生长远的影响。

3.3.2 无人驾驶技术

(1) 技术内容

无人驾驶技术是集自动控制、体系结构、人工智能、视觉计算等众多技术于一体,是计算机科学、模式识别和智能控制技术高度发展的产物。无人驾驶技术被认为是运载工程领域极具颠覆性的一项技术。无人驾驶技术源于20世纪70年代的欧美,目前许多科技公司对无人驾驶技术的开发力度增大,无人驾驶已成为未来人工智能发展的一个重要领域。

以无人驾驶汽车为例,无人驾驶汽车是通过车载传感系统感知道路环境,自动规划行车路线并控制车辆到达预定目标的智能汽车。它是利用车载传感器来感知车辆周围环境,并根据感知所获得的道路、车辆位置和障碍物信息,控制车辆的转向和速度,从而使车辆能够安全、可靠地在道路上行驶。

早在2014年11月,日本由内阁府牵头,联合警察厅、总务省、经济产业省、国土交通省等政府部门,以及丰田等日本主要汽车企业,就开始实施"自动驾驶汽车研发"国家战略创新项目。对环境感知、高精度动态地图、系统安全强化、驾驶员模型、交通基础设施、安全与节能减排效果统计方法、自动驾驶汽车的测试验证等关键技术进行联合研究,并提出了"2020年代后期实现完全无人驾驶系统市场化"的目标。

以轨道交通全自动驾驶系统为例,是将列车驾驶员执行的工作完全由自动化的、高度集中控制的列车运行系统完成。全自动驾驶系统具备列车自动唤醒启动和休眠、自动出入停车场、自动清洗、自动行驶、自动停车、自动开关车门、故障自动恢复等功能,并具有常规运行、降级运行和灾害工况等多种运行模式。系统具备不配置驾驶员列车全自动运行的条件,可进一步提升城市轨道交通系统运行的安全与效率。

(2) 意义与作用

无人驾驶技术不仅将重振优化交通运输领域载运装备产业结构,还将促进消费升级。以汽车为例,无人驾驶新技术变革还将创造汽车新业务,如共享汽车将更加普及。汽车智能化程度提高以后,物流行业、道路交通等方面也将受益。掌握核心技术壁垒的企业会在共享汽车盈利的"下半场"占得先机。无人驾驶技术可以让用户与汽车精准对接,从而降低车辆运维的人力成本。另外,人脸识别和大数据等先进技术的应用也降低了共享汽车公司的风险。无人驾驶带来的潜在价值包括积累海量数据、节约时间成本、方便行动障碍人士、推动汽车行业的健康发展等多个方面。

无人驾驶技术将对社会产生重大影响。构建在传统汽车产业基础上的金融、能源、交通等社会规范及产业结构,需要重新修订以适应无人驾驶技术所带来的冲击。无人驾驶技术虽然尚未普及,但需要提前研究相关法律法规。无人驾驶技术将使汽车具有独立思考能力,并且通过大数据及深度学习,可自主处理大部分状况。该技术与人类的关系将更为复杂,未来的发展推广也将是一个长期博弈的过程。以就业为例,美国通用汽车公司因生产技术革新关闭旧工厂,导致大量人员失业。无人驾驶技术普及以后,出租车驾驶员这一职业可能首当其冲,类似矛盾的解决需要我们提前谋划研究。

3.3.3 钙钛矿太阳能电池技术

(1)技术内容

钙钛矿太阳能电池是指利用具有钙钛矿结构的复合氧化物(ABX3)作为吸光层材料构建起的太阳能电池。在 ABX3 结构中,一般而言,A 为甲氨基(CN_3NH_3),B 为金属铅原子,X 为氯、溴、碘等卤素原子。由于相对复杂的晶体结构对 A、B、X 3 个位点上的原子(或基团)半径有着较高的要求,钙钛矿吸光材料的组成比较固定。太阳能电池的发展经历了单晶硅太阳能电池,薄膜太阳能电池和如今的钙钛矿太阳能电池 3 个阶段。目前研究领先的钙钛矿太阳能电池转化效率可达 22.1%,是市场上太阳能电池转化效率的 2 倍,能大幅降低太阳能电池的使用成本。

目前,转换效率较高的钙钛矿太阳能电池的尺寸均为实验室研究阶段,但随着电池尺寸的增加,其光电转换效率会随之下降。从成本来看,钙钛矿太阳能电池由于材料吸光能力强、对杂质不敏感和生产工艺能耗低,其综合成本大大降低。钙钛矿电池对光的吸收能力是传统太阳能电池材料的 100 倍,因此,钙钛矿电池只需使用 1/100 的厚度,即可产生相同的能量输出,相应减少了所需材料数量,而且产生的电压更高,还能增加能量产出。全球顶尖科研机构和大型跨国公司已经致力于实现钙钛矿太阳能电池的量产,已有相关企业完成了相关材料合成及制造工艺的开发,并已开始 100MW 量产生产线的建设工作,计划于 2020 年实现钙钛矿光伏组件的商业化生产。

(2) 意义与作用

商品化的钙钛矿太阳能电池每平方米预计成本将低至 100 元,可大大降低太阳能电池的使用成本。钙钛矿光伏大面积器件的光电转换效率已超过 16%,而领先的实验室光电转换效率已超过 22% 且仍在不断突破。稳定、高效、低价将是未来钙钛矿太阳能电池商品化的发展方向,为搭建支持轨道交通的光伏发电系统提供最优选择。另一方面,传统的聚合物太阳能电池光伏效率已逐渐达到瓶颈,尚未展现出商品化的潜力。非富勒烯聚合物太阳能电池(NF-PSC)与全聚合物太阳能电池在稳定性与转换效率上尚不及市场上常见的晶硅太阳能电池,仍需技术突破。光伏发电系统目前投入应用的案例有国家体育场鸟巢太阳能光伏发电系统、深圳园博会光伏发电系统、上海虹桥火车站、天津西站、南京南站等并网发电系统。这些工程案例为轨道交通运输的应用提供了很好的借鉴,为部分甚至完全解决车辆牵引供电负荷、运营动力负荷和运营照明负荷提供了参考。

3.3.4 超高速磁悬浮技术

(1) 技术内容

磁悬浮技术是通过电磁力实现列车与轨道之间的无接触的悬浮和导向,再利用直线电机产生的电磁力牵引列车运行。相关学者在世界交通运输大会指出,轮轨高铁运行速度的进一步提升,受到轮轨关系、弓网关系、流固耦合关系、运行环境等因素的制约,未来高铁技术若要实现速度上的突破,可将超高速磁悬浮或低真空管(隧)道高速磁悬浮铁路作为研究方向。随着速度的提升,磁浮列车与轨道的相互作用机制更加复杂而敏感,安全、平稳、稳定的超高速磁悬浮技术至关重要。超高速磁悬浮技术主要包含的关键技术包括:考虑轨道不平顺和磁场不均匀性条件下的超高速运行时稳定悬浮与导向技术、轨道不平顺评估及磁场平顺优化技术、多源激励下的超导体失超及抑制技术、磁浮列车失稳预测与控制技术、超高速磁悬浮系统散热技术等单元技术。

(2) 意义与作用

通过真空管道磁悬浮助推发射系统为运载器单级入轨提供了可能,发射装置可以重复利用,从而可大大降低发射成本。低真空管道磁悬浮为轨道交通、航天航空与国防技术所需的动模风洞实验技术发展提供了实践场景和应用参考,其所形成的低气压环境将填补我国关于飞行器飞行高度气压模拟的空白。

高速磁浮列车的出现将推动"超级城市群"的资源优化配置,降低空间距离对人员、产品自由流通的限制,形成覆盖全国范围、半径 1000km 以上的"1 小时经济生活圈"。原有的"中心城市+卫星城"的区域性产业经济布局将逐步向"超级城市群"为代表的全国性经济布局过渡,合理整合原有城市的资源要素,使资金、人才、技术加速聚集,形成巨大的聚集经济效益,带动我国国民经济的转型升级和加速发展,践行国家"创新驱动""交通强国"战略。交通工具是实现人和物空间位置变化的载体,是人类进步的重要引擎和动力,经济社会与人类文明发展与交通技术的进步密切相关。超高速磁浮列车作为下一代交通工具,必将带动大量技术的自主创新,抢占未来交通运输领域的科技制高点。

4 交通运输领域最具全局影响的前沿和热点技术

4.1 前沿与热点技术内涵

前沿技术(Frontier Technologies)指目前世界科学技术所能触碰到的研究边界,处于技术发展的萌芽阶段,目前尚处于原理样机以及实验室样机阶段,有潜力在未来10~20年进入工程技术领域,可以是单元技术或若干单元技术的组合,代表着技术及产业未来发展的可能方向。

热点技术(Hot Technologies)指目前行业技术重点关注的技术项点,已经在世界行业范围内引起了重点的关注与讨论,处于技术发展的上升阶段,已经具备了制作工程样机能力,大规模运用尚显不足,有潜力在未来3~10年走入大规模示范应用领域,可以是单元技术或若干单元技术的组合,代表着技术及产业的现在发展水平,但是否能成为未来主流技术,尚存在较大不确定性。

4.2 交通运输各领域前沿和热点技术集合

本节分别从轨道交通、道路交通、航空运输以及水路交通等4个领域介绍交通运输领域的前沿和热点技术。以下围绕载运装备、基础设施建设和交通运营管理与服务等3个方面进行交通各领域前沿和热点技术的总结。

4.2.1 轨道交通领域

轨道交通领域的前沿技术集合见表4-1。
轨道交通领域的热点技术集合见表4-2。

轨道交通领域的前沿技术集合　　　　　　　　　　　　　　　　表 4-1

类别	技术方向	技术名称
载运装备	载运装备设计制造	空中悬浮列车技术
		单轨高架电动车辆技术
		空地两栖交通技术
		虚拟轨道技术
		真空管道运输技术
		超材料制造技术
	新能源与动力化	钙钛矿太阳能电池技术
		新型动力的列车驱动技术
	列车运行与控制	面向中低速、长距离的车地一体化无网供电系统匹配技术
		全景式列车控制技术
		无轨旁设施、运能可配置列车运行控制系统技术
	载运装备无人化技术	列车自主运输适配技术
		轨道交通全自动驾驶技术
		远程化、沉浸式、无人化调度指挥和控制一体化技术
		基于认知物联网的列车感知技术
交通基础设施	基础设施建造	地下工程近距离穿越高速铁路精细化控制技术
运营管理与服务	智能化运维与优化	基于交通流信息流能源流耦合的城轨协同优化运输组织技术
		轨道交通设施设备自修复技术
		通信信号系统的网络化、协同化与智能化运维保障技术
		远程化、沉浸式、无人化运维技术
	智能运输与服务	城市轨道交通物流管廊技术
		地铁车站全时程智慧服务技术
		多样化、超高速和多栖化导向运输系统的运输组织与服务技术

轨道交通领域的热点技术集合　　　　　　　　　　　　　　　　表 4-2

类别	技术方向	技术名称
载运装备	载运装备设计制造技术	低地板有轨电车技术
		重载高速货运列车技术
		超高速列车设计制造技术

续上表

类别	技术方向	技术名称
载运装备	载运装备新材料技术	低成本高耐用车体复合材料技术
	载运装备能源与动力技术	高效燃料电池技术
		光伏供能技术
	载运装备运行控制技术	地下空间轨道交通列车高精度定位技术
		超长大坡道高原型机车适应性技术
		面向重载铁路的移动闭塞控制技术
		面向全局效率提升、多属性业务承载和异构网融合接入的轨道交通专用移动通信技术
		高效大功率储能与转换技术
	载运装备无人化技术	轨道交通全自动驾驶技术
交通基础设施	基础设施设计建造技术	数据驱动的轨道交通线网智能规划与决策技术
		轨道交通环境友好的新型建造技术
		重载铁路无砟轨道关键技术与装备
	基础设施设计维护管理技术	轨道交通基础设施全寿命周期的设计建造维护一体化技术
		轨道健康状态在线监测评估与智能维护技术
		复杂地貌气候环境下基础设施适应性提升技术
运营管理与服务	区域运输协同管理技术	区域轨道交通网络一体化协同运营与服务技术
		现代有轨电车协同运行智能管控技术
		面向全网多层次、多粒度的协同化、智能化行车指挥技术
	安全防控技术	轨道交通系统系统安全主动防控技术
		轨道交通车辆全生命周期健康管理与控制技术
	运输与服务技术	基于 RAMSIS 的列车关键系统服役性能感知与提升技术
		列车电磁防护与控制技术
		基于人机情感交互的物流服务技术
		基于智能、数据和星空车地基测控科技的运能可配置列车运行控制系统技术
		面向全网能力发挥和提升以及多层次服务需求的客货运产品智能一体化设计技术
		覆盖终端用户的高效物流网络的轨道交通货运与服务技术

4.2.2 道路交通领域

道路交通领域的前沿技术集合见表 4-3。

道路交通领域的前沿技术集合 表 4-3

类别	技术方向	技术名称
载运装备	载运装备智能感知	智能汽车多源信息融合感知技术
		车车/车路协同感知技术
		智能汽车乘员状态感知技术
	载运装备自动驾驶与控制决策	智能汽车高等级自动驾驶决策技术
		智能决策算法与行为决策技术
		智能汽车执行器容错控制技术
		智能汽车车辆多目标智能控制技术
		智能脑机交互技术
交通基础设施	基础设施建造与新材料	基于道路智能养护技术的新材料开发、新技术应用
		基于新材料的道路功能智能化复合叠加技术
		道路和桥梁建造新型材料
		交通基础设施维修加固新型材料
		跨海集群工程建造技术
		交通基础设施精细化地质勘察技术
		道路工程标准化、数字化、智能化、泛在化多位一体建造技术
	道路工程全时域动态感知与智能决策	基于人工智能的交通设施建设监测技术
		路面结构和状态安全风险发展预测技术
		路面结构和运营安全性评估、预警和养护决策技术
		面向无人化载运装备的道路设施与服务智能化技术
		多模态道路设施智能监测网的建立与优化
		道路交通安全智能感知与主动防控技术
运营管理与服务	无人驾驶化的共享出行系统	智能汽车中心云-边缘云数据平台架构技术
		智能网联跨行业大数据合作应用技术
		云-端交通服务与管理一体化关键技术
		道路交通场景目标全息感知技术
		面向人-车-路协同的智能化道路设施与服务技术

续上表

类别	技术方向	技术名称
运营管理与服务	无人驾驶化的共享出行系统	基于大数据的交通流分析和交通特征挖掘技术
		多模式交通协同组织、柔性调度与应急处置
		人-车-路多维协同的智能道路交通体系
	协同运行管理与风险防控	多灾种、多风险精准预警技术
		综合交通运输网络协同运行与风险防控技术
		互联网交通安全综合服务管理关键技术
		车路协同、信息交互和集成验证技术
		车路交互式行车安全和协同控制系统技术
		人-车-路多维协同的智能道路交通体系
		面向人-车-路协同的智能化道路设施与服务技术

道路交通领域的热点技术集合见表4-4。

道路交通领域的热点技术集合　　表4-4

类别	技术方向	技术名称
载运装备	载运装备动力系统技术	增程/插电式混合动力汽车动力系统技术
		纯电动汽车动力电池与电池管理技术
		燃料电池汽车动力系统技术
		新能源汽车电机及其驱动系统
		新能源汽车整车匹配与控制技术
		新能源汽车高压电安全与充电技术
	载运装备智能检测与决策	智能汽车图像识别与跟踪技术
		智能汽车毫米波雷达及检测技术
		智能汽车激光雷达检测与跟踪技术
		智能汽车轨迹规划技术
		智能汽车ADAS综合决策技术
		智能汽车关键线控执行技术
		智能汽车人机共驾技术
		智能汽车人机交互界面(HMI)技术

续上表

类别	技术方向	技术名称
载运装备	载运装备新一代通信	智能网联汽车电子电气架构与信息/功能安全技术
		智能汽车 LTE-V2X 及 5G-V2X 无线通信技术
		智能汽车 5G 专用通信芯片
		智能汽车车载信息交互终端
		智能汽车车联网组网技术
	网联式智能驾驶技术	智能化路侧基础设施技术
		固态多线激光雷达传感器
		智能汽车专用处理芯片
		智能汽车 AI 深度学习芯片
		智能汽车自动驾驶通用计算平台
		智能汽车共用软件基础平台
		智能汽车车载智能操作系统
		基于北斗及无卫星信号的高精度定位技术
		高精度动态数字地图技术
		同时建图与定位技术
		端-网-云平台数据信息安全技术
基础设施	基础设施设计	道路基础设施全寿命设计技术
		隧道可维护防排水设计技术
		水下结构物抗震减震设计技术
		多维复合体系下道路网多层次布局规划与设计技术
	道路工程运用与维护	极端恶劣环境下道路设施建设与延寿技术
		海工混凝土结构长寿命保障技术
		道路基础设施安全性能提升技术
		交通基础设施施工安全风险评估、监测预警及事故快速追溯技术
		交通基础设施智能化维养技术
	道路工程环境友好与能源	环境友好型道路功能叠加技术
		基于道路空间平台的再生能源集成技术
		道路资源与生态体系建设与优化技术
		生态环保可持续道路交通基础与服务技术

续上表

类别	技术方向	技术名称
基础设施	道路工程环境友好与能源	基于道路平台的废旧资源再生理论与应用技术
		道路空间新能源开发及集约功能体系优化技术
		交通信息能源设施网络融合关键技术
		绿色环保型宁静道路建设技术

4.2.3 航空运输领域

航空运输领域的前沿技术集合见表4-5。

航空运输领域的前沿技术集合 表4-5

类别	技术方向	技术名称
载运装备	载运装备新型动力技术	亚轨道飞行器的设计制造和运行控制技术
		新型太阳能高空长航时技术
		离子推进技术
		新型流体电池技术
	载运装备设计与新材料技术	高性能增材制造航空零部件设计、制造技术
		超音速客机设计集成技术
		可感知、可变型、功能性智能机翼技术
		多用途飞行汽车设计技术
	载运装备无人化	无人机超视距飞行技术
		高精度机载空中间隔动态管理技术
		无人机自主决策技术
		全四维航迹运行技术
		星基通信导航与监视技术
运营管理与服务	高精度定位与控制管理	无人机物流运控制与管理技术
		机器人AGV运用梳齿交换技术
		面向高容量、抗金属的射频识别(RFID)技术
		航空飞行全阶段宽带通信技术
		智能空域整合技术

航空运输领域的热点技术集合见表4-6。

航空运输领域的热点技术集合　　　　表 4-6

类别	技术方向	技术名称
载运装备	载运装备与新材料	先进复合材料机身建造技术
		高强度材料及大部件 3D 打印技术
		纳米复合材料技术
	载运装备设计	基于模型的大型客机系统工程（MBSE）研制技术
		可感知、可变型、功能性智能机翼技术
		飞机轻量化结构设计技术
	通信与导航定位	基于 5G 通信的航空制造智能工厂
		下一代抗干扰、高精度定位导航及授时技术
		微纳卫星精确交会对接技术
		广域高精准多点定位技术
交通基础设施	机场建造技术	地源热泵建造技术
		超大复杂基础工程高效精细化施工技术
		超大平面混凝土裂缝控制综合技术
		大平面结构隔震、减振成套技术
运营管理与服务	机场空管协同管理技术	有人机/无人机混合运行安全管控技术
		机场与空管一体化协同运行技术
		大型航空港综合交通枢纽管控技术
		机场与航路无人飞行校验技术
	航空通信与监视技术	基于异构网络的空中交通环境监视与态势共享技术
		强抗干扰、长距离、全覆盖监视雷达技术
		高精度飞机通信寻址和报告技术
		大数据环境下交通行为建模分析与挖掘技术
		民航全系统信息集成及大数据应用技术

4.2.4　水路交通领域

水路交通领域的前沿技术集合见表 4-7。

水路交通领域的前沿技术集合 表4-7

类别	技术方向	技术名称
载运装备	载运装备设计制造	船体线形智能设计与优化技术
		绿色船舶设计及优化技术
		基于航行脑系统的智能船舶研发与设计技术
		面向不同场景的智能船舶规划设计技术
	新能源应用与新型动力推进	船舶燃料多元化应用关键技术
		船舶清洁替代能源技术
		船舶风能利用技术
		船舶生物柴油利用技术
		船用清洁高效动力系统设计技术
		超导磁流体推进技术
		水动力性能优化技术
		混合动力高效推进技术
	船舶自主航行	船舶智能感知技术
		无人船自主航行技术
		"航行脑"的驾驶行为与船舶运行控制技术
		船舶增强驾驶、远程遥控驾驶及完全自主驾驶技术
		人-船-岸-环境-货物互联的船舶物联网技术
		船舶自动靠泊及装卸技术
交通基础设施	智慧港口服务与管理	基于人工智能和物联网技术的集装箱智能监控与预警
		基于物联网技术的智能货物跟踪
		基于云计算和大数据分析的作业行程管理
		港口多源空间信息智能融合技术
		港口危险货物安全风险评估与应急处置技术
运营管理与服务	航运物流服务	基于区块链的航运物流资源整合技术
		基于区块链的航运物流电商服务技术
		基于区块链的航运物流电子单据快速识别交换技术
		基于大数据的航运物流供需能力匹配与规划
		航运物流集装箱全链条定位技术
		基于物联网的航运物流能耗优化控制技术
		基于AI的船舶智能配载技术

续上表

类别	技术方向	技术名称
运营管理与服务	航运管理智能化技术	船舶智能机舱技术
		智能船舶泛在传感与边缘计算技术
		智能航运系统信息通信与网络安全技术
		无人船水上交通安全智能风险管控技术
		港口物流智能管理技术
		港口基础设施与装备智能化设计技术

水路交通领域的热点技术集合见表4-8。

水路交通领域的热点技术集合 表4-8

类别	技术方向	技术名称
载运装备	载运装备建造与新材料	船用耐低温材料技术
		船舶设备轻量化技术
		特种船舶、极地船舶的设计与建造技术
		大型邮轮设计制造技术
		少/无压载水船舶设计技术
	清洁能源综合应用与能效提升	混合动力系统协同设计技术
		新能源船用系统性能试验技术
		新能源船用安全保障技术
		船舶能效管理技术
		船用并网逆变技术
		船用储能技术
		船舶综合直流组网技术
		船舶尾气排放监管与控制技术
		绿色船舶与能效提升技术
	船舶智能运维	船舶生命周期决策支持技术
		岸电无线技术与标准化
		智能船舶测试验证技术与规划标准制定
		智能船舶数据安全与设备系统防范技术
		船舶综合智能管控技术
		"航行脑"的驾驶行为与船舶运行控制技术
		人-船-岸-环境-货物互联的船舶物联网技术

续上表

类别	技术方向	技术名称
交通基础设施	航道协同运营与维护	港口信息安全管理技术
		自动化无人堆场系统与自动化装卸技术
		港口机械设备状态监测与诊断技术
		多尺度航道全要素变化智能融合监测及模拟技术
		基于流程与数据驱动的航道协同维护管理技术
		面向多类用户的多模式航道信息公共服务技术
		航道与航运系统协同运行与综合运输规划决策技术
服务与管理	大数据与航运信息化	基于大数据的船队优化管理技术
		基于大数据的智慧航道建设技术
		基于大数据的海事安全保障技术
		基于大数据的航运物流供需能力匹配与规划技术
		基于大数据的综合航道控制系统技术
		航运系统大数据资源的多维组织及系统构建
		多式联运技术与现代海运网络
		船联网与水路大数据技术

4.3 对交通运输领域具有全局影响的前沿技术

4.3.1 智能管理与云控协同技术

1）内涵

多模式交通技术的发展，将使不同交通方式之间的界限逐渐模糊化，交通服务的要求变成"更高速、更便捷、更舒适"。国家交通网、区域交通网、地方性交通网综合规划与协同，将实现均衡发展的交通运输网络体系。交通运输网络与通道从孤立走向整合，载运装备从单栖走向多栖。水、陆、空、天交通运输系统朝联网联控的立体式、综合式的方向发展，宜铁则铁、宜路则路、宜空则空、宜水则水。交通网、能源网、感知网、信息网、通信网的独立网络，逐渐走向"多网协同"，甚至"多网合一"。

智能管理与云控协同技术是指在通信技术、大数据云平台技术的支撑下，对局部区域内的载运装备进行协同感知、协同调度、智能管理和协同控制,实现提高交通安全性、交通效率和强经济性的作用。安全保障是交通服务的最基本要求,为此交通运输系统将逐渐实现全域、全时空、"水-陆-空-天"立体化的泛在感知网络,构建一体化云控协同平台,构建"虚实并行""立体互联"的交通信息系统,根据实时监控、解析与响应,实现交通服务、设施管理与维护、应急响应、资源调控等信息感知、传输与发布。以道路交通为例,智能汽车云控协同技术将改变未来交通的模式,也将改变智能汽车的形态。在云控协同的框架下智能汽车的决策与控制将从车载上升为云端,并通过大数据采集与分析实现智能汽车决策控制方法快速迭代。

2)技术内容

为深入贯彻交通运输的安全、高效、绿色、可持续发展理念,迫切需要研究探索全时空、多用途交通智能感知与监测网络,研制大数据智能计算云控平台,构建异构多源信息融合、处理与响应系统。以道路交通为例,为保障交通安全,建立道路交通和路面铺装结构安全风险发展预测模型,发展行车安全和结构耐久的铺面结构评估与决策模型;为实现交通顺畅,建立交通运输系统状态科学评估、预警决策和应急快速响应一体化的智能网络系统,发展潮汐车道、动态限速等一体化的智能调控系统。

主要技术内容包括:通过发展水陆空天一体化监控网络,研究面向人-车-路协同的智能道路设施泛在化感知技术;研发用于智能监测的无人机、无人车,开发路表状态感知装置,探索使用功能型路面材料;研究优化道路温湿度的自感知设备;开发路表水膜(冰层)厚度自感知设备;开发道路结构响应感知装置;研究高集成度智能路侧设备;发展卫星导航、临近空间、移动巡航和气象站的多源信息解析与服务系统;开发包括穿戴感知、移动终端感知和车辆感知在内的云雾感知体系;研究车路协同服务终端,实现信息交互,构建一体化、交互式公众交通信息服务体系;研究分布式导航与分布式供能技术。

3)意义和影响

载运装备的智能化、无人化和网联化,人工智能技术的飞速发展以及综合交通运输网络的实现,为交通运输系统的发展带来巨大的影响,主要表现在以下几个方面:

(1)载运装备的变革,对交通运输系统提出了更高的要求。

例如汽车的智能化、无人化、网联化,需要道路系统提供更多的服务信息。新能源汽车的普及和使用,必将推动道路交通运输的接触式充电、非接触式充电,停车充电和在途充电技术的快速发展。

(2) 计算机与通信技术的飞速发展给交通运输系统变革提供了机遇。

人工智能技术极大提升了交通系统感知、分析与控制的准确性和精确性,保障了新一代交通系统联网联控的实现。5G通信技术保障了交通系统中的信息链路,扩大了感知精度和广度。大数据技术基于海量数据,可以快速发现交通系统故障,确保系统的安全和可靠性。机器学习与深度学习技术则可以摆脱海量数据依赖,使交通系统更加稳定高效。云雾计算与云控平台使交通系统的计算中心与指挥中心从固定走向云端。

(3) 未来交通运输模式的变化,给交通运输系统的形态带来巨大变革。

综合交通运输网络的实现,带来不同系统之间的换乘与接驳,发展无感换乘、无感支付等。例如多模式联运的推广需要发展道路交通与综合交通的接驳系统。多栖化设备与装备的发展模糊了交通系统的界限。共享交通模式的出现对社会需求预测与社会资源调控提出了更高要求。

(4) 智能传感材料与技术的进步,将引发交通运输系统的革命性变革。

智能传感材料与技术的进步,促进智能传感网络的扩展,从有限感知扩大到全域感知,实现万物互联。新能源技术的发展将彻底解放车辆,实现自主供能交通系统,甚至自主交通系统。

4.3.2 载运装备无人化技术

1) 内涵

新一代人工智能技术(如深度学习、强化学习等)将改变载运装备的感知、决策与控制的形态。摄像头采集的图像相较于其余传感器的原始数据而言更加丰富,摄像头的价格相较于其余传感器而言更加低廉。深度学习技术的进步使基于图像的障碍物识别更加准确,使摄像设备成为无人驾驶感知的关键传感器之一。深度强化学习技术专注于在线规划,需要在探索未知的领域和遵从现有知识之间找到平衡,其学习过程是智能体不断和环境进行交互,不断进行试错的反复练习。深度强化学习技术的进步及其在载运装备智能感知与决策上的应用有望摆脱原本依靠经验规则的决策方法导致的数据依赖的问题。

载运装备无人化技术,是指自动驾驶汽车、船舶、飞机、轨道列车等多种载运装备,通过装配智能软件与摄像头、激光雷达、毫米波雷达、GPS等各类传感器感知外界环境,而后由内部的计算机系统分析处理并控制行驶行为,从而实现自主安全无人驾驶。载运装备无人化是传感器、计算机、人工智能、通信、导航定位、模式识别、机器视觉、智能控制等多门前沿学科的综合体,其关键技术包括环境感知、导航定位、路径规划、决策控制等。

2)技术内容

载运装备无人化技术涉及的单元技术包括:在环境感知方面包括多源信息融合感知技术、移动装备/基础设施协同感知技术、乘员状态感知技术等;在智能决策方面,包括无人驾驶决策技术、智能决策算法等;在控制执行方面包括执行器容错控制技术、多目标智能控制技术、移动装备/基础设施协同控制技术等;在人机交互方面包括智能脑机交互技术、增强现实技术、智能座舱技术等。

(1)复杂交通环境下无人驾驶技术

针对交通畅通、安全、便捷等重大需求,研究无人驾驶载运装备、智能化沿线设施、信息化交通设备、低空无人机与浮空器、地下空间与隧道内智能基础设施的组网通信与数据交互关键技术,搭建基于低空浮空器的立体交通监控与管理系统,以无人驾驶载运装备、无人驾驶低空运输机为核心,构建无人驾驶立体交通体系。探究出行者出行方式和路径选择特征,建立出行选择行为模型;分析局部期望路径、周边实时驾驶态势,建立无人驾驶移动装备的多目标优化与冲突消解机制;研究实时交通信息和轨迹规划策略,建立实时优化路径决策模型;研发综合实时交通信息的无人驾驶移动装备调度平台;研究无人驾驶移动装备对特定场景或突发事件的理解和预判理论,形成无人驾驶自主决策方法。

(2)基于无人驾驶载运装备的共享出行系统技术

针对城市环境下安全、便捷、绿色的交通出行需求,研究基于无人驾驶移动装备的共享出行交通体系。建立融合城市车联网和智能交通管控系统的共享出行调度平台,开发使用者客户端和应用软件;研究无人驾驶载运装备在全地域空间的高精度定位、导航、自主决策及自动泊车等核心技术,实现"车找人""车找位"和城市复杂交通工况下的无人驾驶功能。基于城市动态数字化地图和实时交通信息探索无人驾驶载运装备的智能决策技术,研究"最初/最后一公里"共享出行策略和多模式交通系统的智能接驳技术。

3)意义和影响

通信技术和云计算技术,人工智能技术与大数据技术的发展为载运装备的软硬件系统、智能感知、决策与控制带来革命性的影响。

(1)新一代人工智能技术将对载运装备智能化的发展带来革命性影响。

深度神经网络的使用使图像传感器在智能驾驶中发挥更加重要的作用,有望极大提升自动驾驶感知的精确性能力和降低载运装备硬件成本;深度强化学习的使用有望解决载运装备智能决策难以覆盖极多的运行场景的问题,使车辆摆脱对海量测试数据的依赖。

(2)通信技术和云计算技术将带来载运装备智能感知、决策与控制形态的革命性变化。

通信技术使载运装备的感知从自主式向协同式转变,将带来感知范围和精度的极大提升;通信技术与云计算技术将使车辆决策从单车自主决策控制向多车协同决策控制发展,最终决策控制将从车载上升至云端,实现局部交通范围内载运装备多智能体网络的协同决策控制。

(3)大数据技术将加快载运装备软硬件系统的迭代与改进。

以智能汽车为例,智能汽车测试和运营过程中产生大量的数据,通过对大数据的分析,可快速定位智能汽车软硬件系统缺陷,实现快速迭代提升。

4.3.3 新一代清洁能源与新型动力推进技术

1)内涵

新能源主要是可再生的绿色能源,主要包括太阳能、风能、生物能、潮汐能等。2019年5月中国对外承包工程商会编写的《"一带一路"国家基础设施发展指数报告(2019)》中提到,交通和能源业发展需求强劲,为国际基础设施合作注入活力。受到工业化和城市化进程的拉动,各国公路、铁路、港口、机场等互联互通项目建设需求巨大,以风电、太阳能、核能为代表的清洁能源项目成为能源行业投资的重点领域。而作为能源需求紧迫的交通运输领域,亟须开展与新能源技术的融合与研究,由单一能源结构发展为多元能源互补模式实现交通系统能源的安全、高效、环保、可持续利用。

新一代清洁能源与新型动力推进技术,是指以风能、太阳能、氢能、核能等为代表的新一代清洁能源,作为载运装备的动力推进、控制系统、安全保障与应急处理系统、照明系统等方面的能源供给关键技术,实现当前交通系统能源供应模式的转变。以水路交通为例,太阳能、风能、燃料电池、余热发电等清洁能源技术的发展和成熟，未来船舶和港口机械上将应用越来越多的清洁能源。随着海洋装备物联网技术、人工智能技术、增材制造技术、先进控制技术、新能源利用技术、先进材料技术、船型优化节能减排技术、减振降噪与舒适性技术等技术的发展与应用，结合日益严苛的海事环保法规要求，以及到2050年将全球航运温室气体排放削减一半的行业目标，这些将在很大程度上推动船舶向更加绿色、智能、安全、高效方向发展。

2）技术内容

以水路交通为例，新一代清洁能源应着眼于推进风能、太阳能、氢能、核能等新能源在船舶航行动力、控制系统、警戒防务系统、照明系统等方面的应用技术研究。突破主辅机节能技术、双燃料发动机技术、风能/太阳能助推技术、燃料电池应用技术、核能推进技术、氮氧化物/硫氧化物减排技术等关键技术。推进电驱化推进方式在船舶行业的应用，突破超导磁流体推进技术、电磁化船用设备的相关技术。同时，进一步完善船舶废气、废水的后处理技术，为船舶节能减排、提高经济效益提供技术支撑。

此外，船用清洁高效动力系统设计技术主要包括：柔性控制发动机总体设计、近零排放发动机总体设计、清洁能源混合动力系统协同设计、岸基能源船舶驱动、分布式蓄电池电力推进、船舶综合直流组网设计、无轴轮缘推进器设计、直翼推进器、磁流体推进和仿生推进器的设计与制造等技术。

3）意义和影响

随着石油资源的枯竭和环保要求的不断提高，新能源在船上的利用已成为航运业节能减排的有效方式，以液化天然气（Liquefied Natural Gas，LNG）、储能电池、风能、太阳能、岸基能源等为代表的新能源技术，在节能减排方面所具有的独特优势和所能产生的效益已经越来越显著，其在船舶交通运输行业的应用和推广已越来越得到重视。

（1）LNG动力

根据国际海事组织（IMO）MARPOL附则Ⅵ要求，到2020年，船舶燃油含硫量必须低于0.5％。要满足这一要求，采用LNG作为船舶燃料是被业界看好的优选方案之一。根据英国劳氏船级社季度预测报告，LNG已经被多家机构誉为"未来燃料"。LNG作为一种清洁能源，具有资源丰富、使用方便、污染排放少的特点，可大幅度减少船舶排放的硫氧化物、氮氧化物和温室气体，与柴油相比具有突出的经济效益和环保效益。LNG动力装置是指通过LNG作为燃料驱动主机运转使船舶前进的动力方式。它包括 LNG 发动机和柴油/LNG 双燃料发动机两种形式。数据表明：双燃料发动机技术可以降低 20%～25% 的碳排放，NO_x 排放可降低 90%。

(2) 电池动力

随着大功率储能技术的发展，以锂电池、燃料电池等为代表的新型电池具有较高的功率密度和能量密度，逐渐应用于船舶动力上。采用动力电池系统作为主能量源，能够优化船舶系统及空间布局，提高船舶电气化程度，提升船舶操纵性能，同时具有良好的节能减排效果。目前常见的动力电池有镍镉动力电池、铅酸动力电池、镍氢动力电池以及锂离子动力电池等。磷酸铁锂电池已经通过了中国船级社认证，可以作为船舶与海洋工程设施的动力用蓄电池，率先进入了船用动力电池市场。燃料电池是将燃料与氧化剂反应产生的化学能转化为电能的发电装置。燃料电池具有能量转化效率高、负荷响应快、运行质量高、环境亲和性强和燃料来源广等优点。

(3) 可再生能源应用

太阳能、风能、潮汐能和波浪能等为代表的可再生能源以其分布广泛、清洁无污染和可持续利用等突出特点，在全球最终能源消费中的比重不断提高。随着分布式发电技术、逆变并网技术及大功率储能技术的发展，风能和太阳能等可再生新能源将会越来越多地应用到水路交通领域，例如船舶、港口，成为未来交通运输行业节能减排方向研究的重点。

(4) 港口岸电

船舶在港口接岸电是指船舶在停泊期间，通过电缆接通岸基电源，替代船载柴油发电机组，为船舶提供港口作业、生活用电的一种技术模式，以实现船舶的"零油耗、零排放、零噪声"。船舶在靠泊码头之后，如果能停止使用船舶上的辅机发电，而改用岸基电源供电，船舶在港口的有害排放可大大降低。

(5) 混合动力

随着多种能源形式在船舶上的应用，船舶的动力系统逐步趋向于多能源的混合利用。混合动力船舶从定义上是指将柴油动力与 LNG、蓄电池/超级电容、太阳能、风能、燃料电池和岸电等多种能源联合应用于船舶上，为船舶提供动力。混合动力系统将成为未来船舶动力的重要发展趋势，混合动力系统和有可变功率需求的船舶等将会成为未来航运业关注的热点。相较于传统的柴油动力系统，混合动力系统具有操作性良好、动力冗余、航行噪声小及污染排放少等诸多优点。

4.4 对交通运输领域具有全局影响的热点技术

4.4.1 面向环境友好型的绿色交通关键技术

1）内涵

面向环境友好型的绿色交通是指以环境价值为尺度,在确保交通运输生产安全、快捷、高效的前提条件下,最大限度地减少载运装备、配套基础设施等对生态环境和社会环境的负面影响,提高载运装备的可持续发展能力。

以轨道交通为例,虽然目前轨道交通已被世人公认为最绿色、最环保的快速交通出行方式,但在铁路工程设计、建设及运营过程中还存在设计不合理、工艺技术落后、能源浪费、生态破坏、环境污染、职业病慢性病时有发生等与绿色轨道交通不相称的问题和难题,也有不少新鲜的未知领域,需要去开拓创新和研究突破,以实现轨道交通工程全寿命周期的绿色可持续发展。

2）技术内容

（1）绿色交通能源利用关键技术研究与应用

随着能源需求的日益增长和环境恶化趋势的加重,以太阳能、风能等为代表的新能源技术得到了越来越广泛的应用。我国交通运输行业作为能源消耗大户,目前绝大部分依靠传统的化石能源、电能实现供给,有必要开展太阳能、风能、氢能、地热、空气热等清洁和可再生能源在汽车、船舶、轨道列车驱动牵引、空调照明、供暖制热等方面的技术应用研究,降低运营成本,减少化石能源消耗。

（2）绿色客站关键技术研究与应用

绿色客站是在交通客货运站的全寿命期内,最大程度地节约资源(节地、节能、节水、节材)、保护环境和减少污染,为旅客和工作人员提供健康、适用和高效的使用空间,与自然和谐共生的交通建筑,涉及节地、节能、节水、节材、保护环境等多个方面,对能源节约和环境保护的要求非常高,重点以绿色建筑设计、绿色建材应用、先进暖通技术、绿色节能照明技术、可再生能源技术、高效节水及污水回收回用技术、减振降噪技术、空气循环技术、能源管理技术等为突破口。

（3）绿色大数据应用关键技术研究与应用

大数据应用是推动绿色交通发展的重要动能。目前,道路、铁路、水路、航空绿色(节能、环保、卫生)数据量大、种类多,且分散于多个部门和不同场所设备,在数据采集、统计分析和管理方面尚未实现信息化技术应用和大数据综合分析管理,通过优先解决能源消耗、生态环境、水质水量、扬尘尾气、噪声振动、地理空间、作业人员生理心理状态等智能化、信息化的远程监控技术瓶颈,加快实现道路、铁路、水路、航空等绿色大数据综合管理。

3)意义和影响

交通绿色化是新时代中国特色社会主义的使命要求,是推动经济持续发展,维护社会持续稳定,促进自然资源合理高效利用,保护生态环境免遭破坏,实现经济社会可持续发展的强国富民工程。当前,我国交通运输的发展距离绿色交通的实现还存在一段距离,特别是在新能源利用、绿色客站建设、重要敏感区环境保护、全方位卫生保障、绿色数据综合应用管理、绿色指标体系等方面需要大力开展技术攻关和难题突破,从而进一步降低交通建设产生的环境不利影响和能源消耗。

4.4.2 先进复合材料低成本制造技术

(1)内涵

《中国制造 2025》对轨道交通装备制造业提出了新的要求,即"以绿色智能技术为主线,以多样性产品为载体,以全球市场为目标,实现技术引领、产业辐射"。绿色智能技术要求载运装备实现轻量化,轻量化必然引入新材料、新设计和新工艺,新材料主要指高性能纤维与先进树脂的复合材料。

先进复合材料低成本制造技术,主要是指高性能的纤维增强体与高性能的树脂基体用专门的成型技术复合而成的一种高性能低成本的新材料体系,专指可用于加工主承力结构和次承力结构,其刚度和强度性能相当于或超过铝合金的复合材料,目前主要指有较高强度和模量的碳纤维、硼纤维、芳纶等增强的复合材料。主要优点是轻质、高强、耐腐蚀、抗疲劳,可用于高端大型产品如飞机和轨道交通车辆的结构承力件。先进复合材料在西欧、美国、日本占有世界市场的份额很大,在经济发达地区发展到了很高水平。美国国防部联合 NASA(美国国家航空航天局)、FAA(美国联邦航空管理局)和工业界共同发起并制订的低成本复合材料计划取得了很好的成果。

(2)技术内容

随着先进复合材料的应用范围越来越广,制造成本过高成为制约其发展的主要因素。以碳纤维增强树脂基复合材料为代表的先进复合材料,已经成为航空航天、交通运输等工业领域不可或缺的重要材料。在成本方面,制造成本大约占复合材料成本的 80% 左右,因此低成本复合材料技术的核心是低成本制造技术。现在研究较多的主要有自动铺放技术、液体成型等低成本成型技术、低温固化和辐射固化等节能高效的非热压罐固化工艺等。

自动铺放技术是未来复合材料制造技术发展的必然趋势,是复合材料成型自动化技术的典型代表,分为自动铺丝和自动铺带两种技术,具有很高的自动化水平,对设备要求较高,能够极大地提高工作效率和制品稳定性。该技术是在多坐标自动铺丝机的控制下,铺丝头将多束预浸丝束通过放卷、导向、传输、压紧、切割、辊压等功能在压辊下集束成带,并按照计算机规划的轨迹进行铺层的自动化铺放。在铺放过程中将宽度为 150mm 和 300mm 的纤维带子展开,铺放在模具上,一般只能用于相对平坦或小曲率工件的铺放,可实现预浸丝束的单独控制,实现增减丝束,并可实现转弯铺放。因此,自动铺丝具有更强的曲面适应能力,不仅可以铺放凹面、凸面,还可以实现开口、补强等变厚铺层,纤维角度偏差更小,生产效率更高。自动铺丝技术的优势有:加工的零件尺寸没有限制;连续快速铺放,铺放效率高;曲面适应性强,特别适合大曲率复杂构件的铺放;产生废料极少,材料的利用率可达 95% 以上。从技术发展趋势看,自动铺丝技术目前正向着高速高生产率铺放、多铺放头集成复合铺放、基于工业机器人平台铺放,以及 ATL/AFP(自动铺带机/铺丝机)混合铺放等方向发展。

复合材料液体成型技术(Liquid Composite Molding,LCM),是指将液态树脂注入置有纤维预成型体的封闭模腔中(或加热熔化预置的树脂膜),液态树脂在流动充模的同时完成树脂/纤维的浸润并经固化成型为制品的一种复合材料制造技术。按照闭合模腔的组成形式、有无真空辅助,以及树脂的形态不同,又可以将液体成型技术进行分类。其中,树脂传递模塑成型(Resin Transfer Molding,RTM)、真空辅助树脂注射成型(Vacuum Assisted Resin Infusion,VARI)和树脂膜渗透成型(Resin Film Infusion,RFI)等是液体成型技术的典型代表。液体成型技术可以节省大量的纤维预浸、运输、保管费用,能耗也较低,一般来说也无须使用热压罐,是一种低成本工艺。除液体成型工艺之外,其他的低成本制造技术还有纤维缠绕、拉挤等。

液体成形工艺主要有树脂转移模塑(RTM),以及派生出来的树脂浸渍(RFI)、真空辅助树脂转移模塑(VARTM)、可控大气压力树脂浸渍(CAPRI)、真空辅助工艺(VAP)等若干种工艺。

在液体成型技术的工艺实施过程中,除了模具设计、注胶系统设计等支撑技术外,一个十分关键的配套技术是预成型体的制备技术,预成型体的质量对复材制件的最终性能有着重要的影响。在采用碳纤维无褶布或者织物铺放预成型体的过程中,常采用粉末定型剂加热后将材料粘接定型。此外,还有编织预成型、缝合预成型,以及最新发展的干纤维自动铺放预成型技术（Automatic Dry Fiber Placement, ADFP）。

为了实现复合材料构件固化"无热压固化",相继出现了用γ射线、X射线、紫外光、微波和电子束等新型树脂基复合材料辐射固化方式,原位固化技术正是在这种背景下发展起来的一种新型复合材料低成本制造技术之一。复合材料原位固化工艺是指复合材料在一层一层预成型阶段,引入相应的固化源,使最上面几层跟着固化。它结合预成型和固化工艺为一体,使零件铺放成型的同时固化也会完成。原位固化工艺能很好与纤维铺放、纤维缠绕、拉挤成型和液体成型等工艺结合,能大大降低复合材料制造成本,在尺寸大和厚的复合材料零件制造中的优势突出。

(3) 意义和影响

载运装备轻量化必然需要引入新材料、新设计和新工艺,而新材料主要指高性能纤维与先进树脂的复合材料,轨道交通对材料成本的限制要高于航空航天,因此,先进复合材料低成本制造技术是轨道交通装备绿色发展的重要攻关技术。

近期,中国中车集团有限公司旗下的长春轨道客车股份有限公司、青岛四方机车车辆股份有限公司、唐山机车车辆股份有限公司等各大主机厂都致力于研发轨道交通碳纤维复合材料整车车辆或零部件,其中长春轨道客车股份有限公司、青岛四方机车车辆股份有限公司都已经取得很好的成效,但是轨道交通车辆的批量化生产面临的最大难题是控制制造成本。因此,长春轨道客车股份有限公司、青岛四方机车车辆股份有限公司都积极从德国、俄罗斯、西班牙引入先进的低成本制造技术,主要有自动铺放技术、拉挤工艺、缠绕工艺、液体成型技术和低成本固化工艺等。轨道车辆的碳纤维化必将大大减轻车体重量,提高能源利用率,这些低成本制造技术对于轨道车辆走向国际市场,提高国际竞争力有着非常关键的决定作用。

根据《中国制造2025》要求,"未来十年的我国轨道交通装备发展重点是依托数字化、信息化技术平台,广泛应用新材料、新技术和新工艺,重点研制安全可靠、先进成熟、节能环保的绿色智能谱系化产品,拓展'制造＋服务'商业模式,开展全球化经营,建立世界领先的轨道交通装备产业创新体系"。说明先进复合材料低成本制造技术的研发具有很好的发展前景和经济效益,是现阶段轨道交通车辆的重点研发方向,低成本制造技术的研发程度将直接影响未来中国中车集团有限公司在国际市场的市场份额。先进复合材料的低成本制造技术是我国轨道交通车辆加速"走出去",提升全球竞争力的中坚技术。在当前大多数车辆利润率偏低的背景下,通过使用先进复合材料的低成本制造技术控制成本,减轻重量和降低能耗,变相实现列车动力系统升级,能够提升产品技术附加值,与铁路运营方实现共赢,提高国际市场竞争力,有力推动中国由"制造大国"向"制造强国"迈进。

4.4.3　复杂海量、多源异构交通大数据建模技术

（1）内涵

互联网和信息技术的快速发展引发了数据量呈几何级别的增长,大数据已深入渗透社会的各行各业,也为交通运输行业的发展带来了新的机遇与挑战。交通运输系统在经济全球化的不断加速和客货运输需求量持续增长的情况下,逐步呈现出大规模、网络化、强耦合的发展特点。大数据相关技术可以从多源异构海量信息中挖掘信息情报和知识资源,从而实现交通运输系统运行的精细化评估与调控,是大数据技术在交通运输领域的应用发展方向。

复杂海量、多源异构交通大数据建模技术,是指针对交通运输行业数据的信息量大、信息实时处理要求性高、数据共享的高可用性以及高稳定性等特征,通过分布式数据处理、云计算、雾计算、边缘计算等技术搭建统一的云计算平台,并通过大数据挖掘技术对海量多源交通信息数据进行动态、实时处理,共享与协同。同时云计算平台通过虚拟化等技术,整合服务器、存储、网络等硬件资源,优化系统资源配置比例,为交通大数据处理提供弹性可扩展的处理平台,实现应用部署的灵活性,同时也能提升资源利用率,降低总能耗以及运行维护成本。大数据技术为交通物联网提供了重要的支撑平台,交通物联网依赖于云计算技术为其提供"智慧交通"服务的处理能力。

大数据云计算可以动态地满足整体方案中各个应用系统针对交通运输行业的需求,如为基础设施建设、交通信息发布、交通企业增值服务、交通指挥提供决策支持及交通仿真模拟等,能够全面满足开发系统资源平台的需求,还能够快速满足

突发系统的需求。由此可见,云计算是智能交通未来建设发展的方向。

(2)技术内容

交通大数据建模技术的基础包括物联网基础、服务基础(云计算、边缘计算)和人工智能基础。物联网要解决的问题涉及设备、网络和物联网平台。其中交通运输领域涉及的设备较多,包括大量的传感器以及各种控制交通流量的设备(信号灯等)。传感器是智慧交通的"触角",而控制器则是智慧交通的手段,云计算和边缘计算是保障服务能够顺利实施的关键支撑。交通大数据建模的主要流程包括交通数据的实时获取与传输、交通运输领域多源数据融合、大数据环境下交通行为建模、分析、预测与挖掘等内容。

为建成安全便捷、畅通高效、绿色智能的现代交通运输网络体系,围绕复杂海量、多源异构的交通大数据建模技术需要完成的具体技术主要包括:研究探索多源数据信息耦合下的运输协调与服务决策技术、多主体模式的交通重点枢纽布局与协同运行优化技术、跨区域协同式交通运输资源应急处理技术、多方式综合运输一体化管理技术;研究大数据环境下多模式交通行为分析与预测技术、基于大数据的区域运输需求预测与不确定性分析、大数据及移动互联环境下城市群客流迁徙动态预测,进而构建以大数据为驱动的交通运输规划与决策支持平台,进而提升我国交通运输系统的弹复力,为跨区域多方式综合交通运输网络一体化规划提供技术支持。

(3)意义和影响

复杂海量的交通大数据带来了全新的变革与机遇,预计到2035年,我国交通大数据产业将实现行业标准化和规模化应用,突破核心技术和数据资源开放限制,解决行业协作和商业模式瓶颈、数据安全与隐私保护等关键问题。

以大数据为支撑的更加精细、准确、完善的智能交通管理与服务需求也加速了交通产业生态圈跨界融合,对促进未来综合交通运输系统的运行组织模式和服务模式变革起到了决定性作用。在交通大数据和智能交通管理与服务领域取得领先优势,不但对推动人工智能、电子技术、信息技术的快速发展和进步具有重要作用,也是信息产业发展的重要推动力量。

5　本篇结论

在本篇中,作者分析了交通运输各领域(轨道交通、道路交通、水路交通、航空运输)领域特征、关键业务过程、服务模式和交通运输领域技术发展总体态势,提出了交通运输领域近年来产生的新技术,以及可能对交通运输领域变革产生影响的新技术。在此基础上,充分分析了前沿和热点技术内涵,给出了最具全局影响的前沿和热点技术集合和相关建议。

通过对交通运输模式驱动的前沿和热点技术内涵、作用与形态的系统化描述,辨识交通运输领域具有方向引领意义和前沿地位的关键科学问题,对新的跨领域变革性技术的形成、作用方式、重大意义和影响做出准确判断和预测,可为我国交通运输领域科技创新方向和任务布局提供基础依据。

中篇
交通运输领域典型前沿和热点技术方向与案例

6 交通运输领域典型前沿和热点技术方向

总结交通运输领域近年来产生的新技术集合,分析其对未来交通运输领域的发展所产生的作用与影响,在已有前沿和热点技术的基础上,进一步辨识交通运输领域各模式方向,确定具有方向引领意义和前沿地位的典型技术热点。

6.1 交通运输各领域典型前沿技术方向

对交通运输领域典型前沿技术主方向在交通运输领域前沿技术的基础上进行提炼,并在各子领域技术层面上进行展开,进而对各领域的典型前沿技术方向与技术集合进行阐述。

6.1.1 轨道交通领域

新能源技术、新材料技术、健康管理技术、终端智能一体化技术与人机统筹等技术的发展,推动了轨道交通向自动化与一体化方向发展。轨道交通载运装备设计制造技术、载运装备新材料技术、载运装备能源与动力技术、载运装备运行控制技术、基础设施设计维护管理技术、安全防控技术、运输与服务技术等相关技术的研究代表着轨道交通典型前沿技术的发展方向。轨道交通领域典型前沿技术方向见表6-1。

轨道交通领域典型前沿技术方向　　　　表6-1

技 术 方 向	主 要 技 术
载运装备设计制造技术	空中轨道列车技术
	单轨高架电动车辆技术
	空地两栖交通技术
	虚拟轨道技术
	真空管道运输技术

续上表

技术方向	主要技术
载运装备新材料技术	超材料制造技术
载运装备能源与动力技术	钙钛矿太阳能电池技术
	新型动力的列车驱动技术
载运装备运行控制技术	全景式列车控制技术
	无轨旁设施、运能可配置列车运行控制系统技术
载运装备无人化技术	轨道交通全自动驾驶技术
	列车自主运输适配技术
基础设施设计维护管理技术	地下工程近距离穿越建筑物精细化控制技术
安全防控技术	轨道交通设施设备自修复技术
运输与服务技术	轨道交通信号系统互联互通技术
	列车运行状态数字孪生仿真技术
	多制式协同技术
	无感快速安检技术
	高精度站内导航服务技术

1)载运装备设计制造技术

(1)空中轨道列车技术

空中轨道列车(简称空轨)(图6-1)是悬挂式单轨交通运输系统。轨道在列车上方,由钢铁或水泥立柱支撑在空中,适用于中小城市交通工具。由于空轨将地面交通移至空中,在无须扩展城市现有公路设施的基础上可缓解城市交通难题。克服了其他轨道交通运输系统的弊病,在建造和运营方面具有很多突出的特点。

(2)单轨高架电动车辆技术

单轨高架是轨道交通运输方式的一种特殊形式,特点是使用的轨道只有一条,而非传统铁路的两条平衡路轨。与城市轨道交通系统相似,单轨高架电动车辆(图6-2)主要应用在城市人口密集的地方,用来运载乘客。亦有在游乐场内建筑的单轨铁路,专门运载游人。

(3)空地两栖交通技术

空地两栖交通技术是指能使交通工具适用于天空、陆地两种运行环境的一系列相关设施与设备。空地两栖交通技术是未来交通运输发展的新模式,将大大改善目前交通组织形式。

图 6-1 空中轨道列车

图 6-2 单轨高架电动车辆

（4）虚拟轨道技术

虚拟轨道列车（简称虚轨列车）（图 6-3），是以地面虚拟轨道为导向运行的公路列车，因其轨道不是传统钢轨而是采用特殊材料在地面上铺设的感应标识而得名。虚轨列车属于新型城市轨道交通工具，集合了公共汽车、有轨电车和轻动车组的部分特点，是汽车列车和火车列车的特殊融合物，将成为缓解城市路面交通压力的新尝试。

（5）真空管道运输技术

真空管道运输是一种无空气阻力、无摩擦的运输形式，其技术原理是在地面或地下建一个密闭的管道，用真空泵抽成真空或部分真空。在这样的环境中开行车辆（不一定是磁浮列车），行车阻力就会大大减小，可有效降低能耗，同时气动噪声也可大大降低，符合环保要求。真空管道列车如图 6-4 所示。

图 6-3 虚拟轨道列车

图 6-4 真空管道列车

2)载运装备新材料技术

超材料制造技术

超材料制造技术中超材料指的是一些具有人工设计的结构并呈现出天然材料所不具备的超常物理性质的人工复合结构或复合材料。超材料的设计思想是通过在多种物理结构上的设计来突破某些表观自然规律的限制,从而获得超常的材料功能。超材料可以在不违背基本物理学规律的前提下,人工获得与自然界中的物质具有迥然不同的超常物理性质的"新物质"。超材料结构如图6-5所示。

3)载运装备能源与动力技术

(1)钙钛矿太阳能电池技术

钙钛矿太阳能电池(图6-6)是指利用具有钙钛矿结构的复合氧化物(ABX_3)作为吸光层材料构建起的太阳能电池。在ABX_3的结构中,一般而言,A为甲氨基(CN_3NH_3),B为金属铅原子,X为氯、溴、碘等卤素原子。由于相对复杂的晶体结构对A、B、X 3个位点上的原子(或基团)半径有着较高的要求,所以钙钛矿吸光材料的组成比较固定。太阳能电池的发展经历了单晶硅太阳能电池、薄膜太阳能电池和如今的钙钛矿太阳能电池3个阶段。钙钛矿太阳能电池目前研究领先的转化效率可达22.1%,是市场上太阳能电池转化效率的2倍,能大幅降低太阳能电池的使用成本。

图6-5 超材料结构

图6-6 钙钛矿太阳能电池

(2)新型动力的列车驱动技术

新型动力的列车驱动技术将改变目前以电力为列车驱动的机车方式。主要由可控核聚变技术、新动力牵引系统、能量转换与控制技术组成。核聚变是两个较轻的原子核聚合为一个较重的原子核,并释放出能量的过程。可控核聚变是通过技术手段,可以有效控制聚变的过程,让能量持续稳定输出,为列车提供更持续的动力。可控核聚变装置如图6-7所示。

4) 载运装备运行控制技术

(1) 全景式列车控制技术

全景式列车控制技术是基于远程化、虚拟全景、智能控制技术等实现对列车的动态控制技术。该技术可以使列车运行更加安全、可靠、高效,实时掌握线路上每辆列车运行状态,确保列车准点、舒适、节能、精确停车。全景列车如图6-8所示。

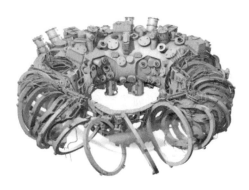

图6-7 可控核聚变装置　　　　　图6-8 全景列车

(2) 无轨旁设施、运能可配置列车运行控制系统技术

无轨旁设施、运能可配置列车运行控制系统技术是在无轨旁设备条件下基于多信息融合定位以及空天地信息融合实现进路控制、信息多径传输和控制、列车定位、动态间隔配置、制动及安全防护、运能动态配置等功能。其能够满足承担国防安全功能的西部和边远地区低密度铁路运输路网的安全、高效运营和持续能力保障的需求。列车运行控制系统如图6-9所示。

5) 载运装备无人化技术

(1) 轨道交通全自动驾驶技术

轨道交通全自动驾驶技术是在既有列车运行控制系统的基础上,车载设备设置自动驾驶单元实现自动驾驶控制,地面设置专用的精确定位应答器实现列车精确定位和停车,地面设备实现站台门控制和运行计划处理。自动驾驶技术能够实现车站自动发车、区间自动运行、自动折返、车站自动停车、车门开关控制、车门/站台门联动控制等,能够大大减轻驾驶员劳动强度,保证轨道交通运输安全,提高轨道交通运营效率。轨道交通全自动驾驶列车如图 6-10 所示。

图 6-9 列车运行控制系统

图 6-10 轨道交通全自动驾驶列车

（2）列车自主运输适配技术

列车自主运输适配技术是基于列车全自动驾驶技术，从宏观层面对全自动列车进行调配，实现列车的灵活编组与跨线运行，进一步提升轨道交通运营网运输效率，使区域轨道交通网络运输向协同化、一体化发展，实现轨道交通运输系统的运营管理灵活可控。编组站综合自动化系统如图 6-11 所示。

6）基础设施设计维护管理技术

地下工程近距离穿越建筑物精细化控制技术（图 6-12）以严格控制下穿工程的施工变形为目的，主要解决建筑物与下穿施工之间的耦合影响，并寻找毫米级变形精准控制技术方案，施工机械需要全过程感知施工状态，以保障精细化施工控制的实现。该技术能够推动我国轨道交通领域地下工程整体水平的大幅提升，可进一步为地下施工技术奠定基础。

图 6-11 编组站综合自动化系统

图 6-12 地下工程近距离穿越建筑物精细化控制技术

7)轨道交通设施设备自修复技术

轨道交通设施设备自修复技术是利用人工智能、高精度监测检测技术以及自主诊断与决策技术等对轨道交通相关的移动装备、基础设施进行无人化修理的自动修复技术。该技术能够使列车运行安全得到有力保障,将大大提升轨道交通运输系统的运营效率和保障运营安全。轨道交通检修车间如图 6-13 所示。

图 6-13　轨道交通检修车间

8)运输与服务技术

(1)轨道交通信号系统互联互通技术

轨道交通信号系统互联互通技术主要分为互通互换、联通联运两个层级。车辆互通互换是指不同线路列车可在同一条线路上以 CBTC(Communication Based Train Control System)及降级模式运营,有助于延伸线工程、共轨运营线工程、预留拆解线路工程项目的经济高效执行。联通联运以网络化运营为出发点,根据客流需求,实现列车跨线联通联运,能够有效减少乘客线间换乘,提高服务质量。轨道交通信号系统互联互通技术既能节约重复投资,又可以提升运营服务水平,是今后轨道交通运输与服务技术发展的主要趋势之一。

(2)列车运行状态数字孪生仿真技术

数字孪生技术能够把物理对象在虚拟空间中仿制出来,以数字化的形式创建一个或一群物理实体所完全对应的虚拟模型,通过对模型的测试分析来完成对物理实体的了解、分析和优化等工作。在轨道交通运输中,借助数字孪生结构模型理念,通过设计虚拟模型、采集传输列车在途运行状态数据,从而对列车的实际运行状态进行监测。同时,通过对监测数据的分析,完善对列车的状态管理,通过模拟列车运行状况,实现对列车故障的预警,有助于列车的维修与健康状态管理。因此,运用数字孪生技术进行仿真建模对列车的实时状态监测具有深远的现实意义。转向架数字孪生模型如图 6-14 所示。

（3）多制式协同技术

多制式协同技术（图 6-15）以城市轨道交通、市域铁路、城际及干线铁路跨方式的轨道交通一体化运营方式为基础,以旅客出行需求为驱动,通过编制多制式协同的精细化运输方案,最终形成支持联程联运、枢纽换乘、运力调配、应急协同、出行扰动等关键环节的区域轨道交通智能协同组织方法,整体提升区域轨道交通协同运营组织水平。

图 6-14　转向架数字孪生模型

图 6-15　多制式协同技术

（4）无感快速安检技术

无感快速安检技术（图 6-16）主要包括建立基于乘客信用体系的"精准检物＋分类分级检人"的安检新模式以及安检-检票一体化的新型快速安检设备。通过构建乘客信息管理平台,建立安检"白名单",对乘客进行智能分类安检;通过高度集成安检票务体系,集合多元支付方式,在对安检信息数据以及票务数据进行智能分析的同时,实现乘客的快速精准辨识与无感通行,能够有效提升轨道交通运输的乘客服务能力。

（5）高精度站内导航服务技术

高精度站内导航技术（图 6-17）以地铁三维立体图为基础,以乘客手持终端设备的 Wi-Fi（Wireless-Fidelity）或蓝牙模块为途径,利用微信、微博、短信、官方 App 等平台,以及 PIS（乘客信息服务系统）、PA（PageAdmin 网站管理系统）、动态地图标志标识、多媒体站台门、OLCD(Organic Liquid Crystal Display)车窗等,实现对乘客出行全过程进行信息个性化主动推送和智能发布、应急事件路径主动调整、智能路径动态引导等功能,使轨道交通运输的乘客服务更具个性化、便捷化、智能化。

图 6-16　无感快速安检技术

图 6-17　高精度站内导航服务技术

6.1.2　道路交通领域

智能感知与识别技术、大数据技术、物联网技术、通信技术、导航技术等的发展,推动了道路交通运输向智能化与协同化方向发展。载运装备智能感知、载运装备自动驾驶与控制决策、基础设施建造与新材料、道路工程全时域动态感知与智能决策、无人驾驶化的共享出行系统等相关技术的研究代表着道路交通运输典型前沿技术的发展方向。道路交通运输领域典型前沿技术方向见表 6-2。

道路交通运输领域典型前沿技术方向　　　　表 6-2

技术方向	主要技术
载运装备智能感知	智能汽车多源信息融合感知技术
	车车/车路协同感知技术
载运装备自动驾驶与控制决策	智能汽车高等级自动驾驶决策技术
	智能脑机交互技术
基础设施建造与新材料	道路和桥梁建造新型材料
	跨海集群工程建造技术
	交通基础设施精细化地质勘察技术
道路工程全时域动态感知与智能决策	基于人工智能的交通设施建设监测/检测技术
	道路交通安全智能感知与主动防控技术

续上表

技术方向	主 要 技 术
无人驾驶化的共享出行系统	云-端交通服务与管理一体化关键技术
	道路交通场景目标全息感知技术
	人-车-路多维智能协同技术

1) 载运装备智能感知

(1) 智能汽车多源信息融合感知技术

智能汽车多源信息融合感知技术(图 6-18)是以汽车为载体对外界多源数据自动检测、关联、估计及组合处理,从而获得更加精确可靠的信息或推论,是一种多维全域的数据处理感知技术。该技术的实现能够有效应对复杂行车环境下的感知范围、感知精度等巨大的挑战。

(2) 车车/车路协同感知技术

车车/车路协同感知技术(图 6-19)是采用先进的无线通信和新一代互联网等技术,全方位实施车车、车路和人车动态实时信息交互,在全时空动态交通信息采集与融合的基础上,开展车辆协同安全和道路协同控制,充分实现人车路的有效协同,保证交通安全,提高通行效率,从而形成的安全、高效和环保的道路交通运输系统。

图 6-18 智能汽车多源信息融合感知技术

图 6-19 车车/车路协同感知技术

2) 载运装备自动驾驶与控制决策

(1) 智能汽车高等级自动驾驶决策技术

智能汽车高等级自动驾驶决策技术(图 6-20)指让车辆系统自身以拟人化的方式完成驾驶任务,车载传感器类似人的感知器官,系统根据环境感知信息,完成融合计算,形成对全局的理解和认知,得出决策传递至控制系统形成指令,完成驾驶动作。高等级自动驾驶决策技术旨在从感知到决策到控制全部由汽车自己完成,即使人不干预也可以解决这些问题,意味着车要实现对自己的完全控制。

(2)智能脑机交互技术

智能脑机交互技术(图 6-21)是指通过在人脑神经与具有高生物相容性的外部设备间建立直接连接通路,实现神经系统和外部设备间信息交互与功能整合的技术,简单来说就是实现用意念控制机器。这意味着人与机器的主要交互方式,除了手工输入,以及近几年兴起的人工智能语音交互之外,还可以直接通过大脑向机器发指令,可提升载运装备控制决策效率。

图 6-20　智能汽车高等级自动驾驶决策技术

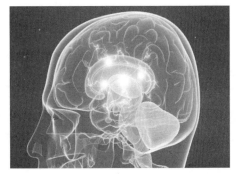

图 6-21　智能脑机交互技术

3)基础设施建造与新材料

(1)道路和桥梁建造新型材料

道路和桥梁建造新型材料(图 6-22)是指具有轻型、高强、耐久、自修复等特征的新型建造材料。当前,应用的新材料、新技术主要有 SMA(Stone Mastic Asphalt)、新型沥青材料、可再生沥青混合料、聚苯乙烯树脂泡沫等。这些新技术、新材料均具备独特的优势和特点,同时都能够应用在道路桥梁建设中,并且在具体应用中有着显著的效果和特点。在施工材料的选择方面,需要按照施工的地形地貌环境、施工现场具体特点等进行针对性地选择和优化,从而确保施工材料的合理性。

(2)跨海集群工程建造技术

跨海集群工程建造技术(图 6-23)主要由外海快速成岛、海底软基处理、标准化制造、装配化施工、水下结构止水等技术组成,以解决超大跨度、深埋、特长钢壳混凝土沉管隧道、人工岛建造等关键挑战为核心,显著提升我国桥梁跨越能力,极大推动我国桥梁科技水平和国际影响力。

图 6-22　道路和桥梁建造新型材料

图 6-23　跨海集群工程建造技术

（3）交通基础设施精细化地质勘察技术

交通基础设施精细化地质勘察技术（图 6-24）是指利用各种手段、方法对地质进行精细化勘查、探测，确定合适的持力层，根据持力层的地基承载力，确定基础类型，计算基础参数的调查研究活动。结合原位勘察装备、防扰动试验分析、设计参数判定等对一定地区内的岩石、地层、构造、矿产、水文、地貌等地质情况进行有效精细的调查研究工作，能够确保交通基础设施建设过程中高效合理、安全可靠。

4）道路工程全时域动态感知与智能决策

（1）基于人工智能的交通设施建设监测/检测技术

基于人工智能的交通设施建设监测/检测技术（图 6-25）是利用人工智能、传感技术、智能识别技术等对交通设施建设过程中的高精度监测，实现短时间内对建设过程中病害、风险的智能识别，并及时完成多模式预警，确保交通设施建设的高质量完成。

图 6-24　交通基础设施精细化地质勘察技术

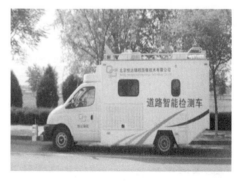
图 6-25　基于人工智能的交通设施建设监测/检测技术

（2）道路交通安全智能感知与主动防控技术

道路交通安全智能感知与主动防控技术（图6-26）由在途车辆运行安全自诊断与网络诊断融合技术、重大事故下车辆损坏与驾乘人员应急逃生模拟技术、不良交通行为立体化监测与互证技术、道路交通安全风险实时评估、短临预警与主动干预技术、跨区域跨部门海量数据交换与共享技术等组成，实现对道路运行过程中人、车、路、环境和管理实现全方位、全时空、精细化的主动监测、预警、干预、执法和信息服务。对于保障广大人民群众的生命财产安全，发挥道路交通运输行业对国民经济的巨大贡献也有积极的作用。

5）无人驾驶化的共享出行技术

（1）云-端交通服务与管理一体化关键技术

云-端交通服务与管理一体化关键技术（图6-27）基于端-边-云架构将大数据与传统交通模型融合建立交通大数据服务与管理体系，实现以铁路、航运、地铁、公路等交通运输信息交互协同为核心的面向客运和货运多式联运服务，促进由公路运输管理平台向大交通云迁移过程中运输管理的多元服务化，推动了标准统一、功能融合、运营规范、服务高效的综合运输枢纽体系的建立。

图6-26 道路交通安全智能感知与主动防控技术

图6-27 云-端交通服务与管理一体化关键技术

（2）道路交通场景目标全息感知技术

道路交通场景目标全息感知技术（图6-28）利用干涉和衍射原理记录并再现交通场景以及恶劣环境下道路目标真实三维图像，结合动态地图并对感知目标完成智能识别以及清晰成像功能。道路交通场景目标全息感知技术使得车辆运行更加智能安全。

(3) 人-车-路多维智能协同技术

人-车-路多维智能协同技术（图 6-29）主要包括智能感知与识别技术、高可信高速移动通信技术与数据融合处理技术，并在此基础上构建一体化、交互式公众交通信息服务体系。

图 6-28 道路交通场景目标全息感知技术

图 6-29 人-车-路多维智能协同技术

6.1.3 航空运输领域

通信技术、大数据技术、四维飞行引导技术、航迹运行的数字化管制技术等的发展，推动了航空运输向协同化与精细化、智慧化方向发展，航空载运装备新型动力技术、载运装备新型材料技术、载运装备设计制造技术、载运装备控制决策技术、高精准导航定位技术、机场空管协同管理技术、航空通信与监视技术、航空信息处理技术等相关技术的研究代表着航空运输典型前沿技术的发展方向。航空运输领域典型前沿技术方向见表 6-3。

航空运输领域典型前沿技术方向　　　表 6-3

技术方向	主要技术
载运装备新型动力技术	亚轨道飞行器的设计制造和运行控制技术
	新型太阳能高空长航时无人机技术
	离子推进技术
	锂空气电池技术
载运装备新型材料技术	超材料制造技术
载运装备设计制造技术	超音速客机设计集成技术
	可感知、可变型、功能性智能机翼技术
	多用途飞行汽车设计技术

续上表

技术方向	主要技术
载运装备控制决策技术	无人机超视距飞行技术
	高精度机载空中间隔动态管理技术
	无人机自主决策技术
高精准导航定位技术	全四维航迹运行技术
机场空管协同管理技术	无人机物流运输控制与管理技术
航空通信与监视技术	航空飞行全阶段宽带通信技术

1）载运装备新型动力技术

（1）亚轨道飞行器的设计制造和运行控制技术

亚轨道飞行器是指在高度上抵达临近空间顶层、但速度尚不足以完成绕地球轨道运转的飞行器，其速度一般在5～15马赫之间，任务完成后可返回地球，能够重复使用。亚轨道技术是现在许多国家热衷研究的技术，相对现在服役的航天飞机或飞船具有低的运输费用、准备时间短和可重复性等优点。亚轨道飞行器的设计制造和运行控制技术如图6-30所示。

（2）新型太阳能高空长航时无人机技术

新型太阳能高空长航时无人机具有飞行高度高、工作时间长、覆盖区域广、使用灵活、运行成本低和无环境污染等优点。飞机在白天使用太阳能电池维持系统工作并对机上蓄电池充电，晚上通过释放蓄电池中储存的电能来维持整个无人机系统的运转。新型太阳能高空长航时无人机将成为执行情报、侦察、监视和通信中继等任务的理想空中平台，有着非常广阔的应用前景。新型太阳能高空长航时无人机技术如图6-31所示。

图6-30 亚轨道飞行器的设计制造和运行控制技术

图6-31 新型太阳能高空长航时无人机技术

(3)离子推进技术

离子推进技术(图6-32)为空间电推进技术中的一种,利用工质电离生成离子,在静电场的作用下加速喷出,产生推力,其特点是推力小、比冲高,广泛应用于空间推进。与传统的化学推进方式相比,离子推力器需要的工质质量小,最适合长距离航行。

(4)锂空气电池技术

锂空气电池技术(图6-33)是一种用锂作负极,以空气中的氧气作为正极反应物的电池。锂空气电池比锂离子电池具有更高的能量密度,因为其阴极(以多孔碳为主)很轻,且氧气从环境中获取而不用保存在电池里,是一种非常有潜力的高比容量电池技术。

图6-32 离子推进技术

图6-33 锂空气电池技术

2)载运装备新型材料技术

超材料制造技术

超材料指的是一些具有人工设计的结构并呈现出天然材料所不具备的超常物理性质的人工复合结构或复合材料。超材料的设计思想是通过在多种物理结构上的设计来突破某些表观自然规律的限制,从而获得超常的材料功能。超材料可以在不违背基本的物理学规律的前提下,人工获得与自然界中的物质具有迥然不同的超常物理性质的"新物质"。超材料结构如图6-34所示。

3)载运装备设计制造技术

超音速客机设计集成技术

超音速客机设计集成技术(图6-35)旨在研究使飞机速度能超过音速的民航飞机。超音速飞机设计的首要考虑因素是降低飞机自身的阻力系数,将飞机尽量设计成流线型，机头设计成锥形而非钝形，以避免在跨音速阶段形成波阻极大的正激波。此外，超音速飞机的巡航高度通常比亚音速飞机更高，利用空气密度较低的空层以减少面对的空气阻力。另一方面，超音速飞机需要更强大的动力来突破音障。

图 6-34 超材料结构

图 6-35 超音速客机设计集成技术

4）载运装备控制决策技术

（1）高精度机载空中间隔动态管理技术

高精度机载空中间隔动态管理技术（图 6-36）基于 ADS-B（Automatic Dependent Surveillance-Broadcast）技术的空中冲突管理（冲突检测、冲突预警、冲突解脱），可以在较大范围内给出冲突预警，支持自主间隔保障，极大程度上支撑了飞行灵活性的需要。

图 6-36 高精度机载空中间隔动态管理技术

（2）无人机自主决策技术

无人机自主决策技术（图 6-37）是指无人机按照人类智能感觉-思维-行动的规

律,采用环境感知-规划决策-行动执行的控制结构,使对象系统在无人参与的情况下,利用各种控制、规划技术、优化计算方法等,在特定的体系结构组织下主动地完成飞行任务。无人机自主决策技术将使无人机具备快速反应能力、决策能力和机动能力,发挥最大的效益。

5) 高精准导航定位技术

全四维航迹运行技术

全四维航迹运行技术(图 6-38)是对航班的起飞、爬升、巡航、近进、着陆等全阶段进行空间三维和时间维度的精细化控制,这是为了应对航空运输持续增长给现行空管系统带来的严峻挑战,是下一代空管系统中的核心运行概念之一。

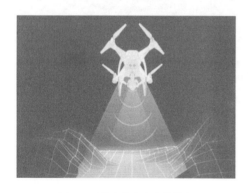

图 6-37　无人机自主决策技术

图 6-38　全四维航迹运行技术

6) 机场空管协同管理技术

无人机物流运输控制与管理技术

无人机物流运输控制与管理技术如图 6-39 所示,无人机是物流配送"最后一公里"的利器,与人力配送相比,无人机具有智能化、信息化、无人化的特点,配送效率更高。其适用于小批量、高频次运输模式,在快递物流市场中无人机有着距离短、成本低、速度快、效率高的优势,可被用于快递配送和仓储环节,帮助企业减少人力、物力成本。

7) 航空通信与监视技术

航空飞行全阶段宽带通信技术

航空飞行全阶段宽带通信技术(图 6-40)整合了机场场面通信技术、航路飞行地空通信技术、宽带通信技术,保持飞机的空地互联,以确保其飞行高效安全。航空飞行全阶段宽带通信技术能够提升航班运营效率，为旅客提供高质量、个性化的通信服务和航空增值服务。

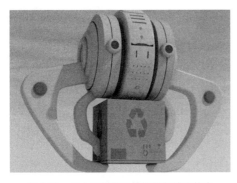

图 6-39　无人机物流运输控制与管理技术

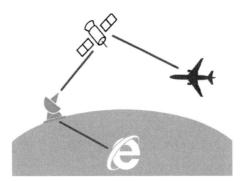

图 6-40　航空飞行全阶段宽带通信技术

6.1.4　水路交通领域

物联网、大数据、人工智能等技术的发展推动了船舶运营向智能化与无人化方向发展，载运装备设计制造、新能源应用与新型动力推进、船舶自主航行、智慧港口服务与管理、航运物流服务、航运智能化相关技术的研究代表着水路交通运输前沿技术的发展方向。水路交通运输领域典型前沿技术方向见表 6-4。

水路交通运输领域典型前沿技术方向　　　　　表 6-4

技 术 方 向	主 要 技 术
载运装备设计制造	船体线形智能设计与优化技术
	绿色船舶设计及优化技术
	基于航行脑系统的智能船舶研发与设计技术
新能源应用与新型动力推进	船舶风能利用技术
	船舶生物柴油利用技术
	超导磁流体推进技术
	混合动力高效推进技术
船舶自主航行	基于人工智能的无人船自主航行技术
	人-船-岸-环境-货物互联的船舶物联网技术
	船舶综合智能管控技术
航运物流服务	基于区块链的航运物流资源整合技术
	基于大数据的航运物流供需能力匹配与规划技术
	基于物联网的航运物流能耗优化控制技术

续上表

技术方向	主要技术
航运智能化	船舶智能机舱技术
	智能船舶泛在传感与边缘计算技术
	无人船水上交通安全智能风险管控技术
	港口物流智能管理技术

1) 载运装备设计制造

(1) 船体线形智能设计与优化技术

船体线形智能设计与优化技术(图6-41)是基于流体力学理论完成船体线形最优化设计工作,是船舶设计过程中既繁复又关键的设计技术之一,直接影响到船舶的快速性(阻力和推进)、操纵性和耐波性等重要性能。而最小阻力船体线形的确定又是船舶设计者首要追求目标。船体线形智能设计与优化技术能够产生较大的经济效益,从而提高我国造船业在国际市场的竞争力。

(2) 绿色船舶设计及优化技术

绿色船舶设计及优化技术(图6-42)是指采用相对先进的技术在全生命周期(从设计、制造、运营到报废回收)的整个过程中能经济地满足其预定功能和性能,同时实现提高能源使用效率、减少或消除环境污染,并对操作和使用人员具有良好保护的船舶设计及优化技术。绿色船舶设计及优化技术是一个综合考虑环境影响和资源利用效率的现代造船理念,绿色船舶是"绿色环保、节能减排、安全适居"的新型现代船舶。

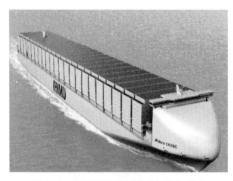

图6-41 船体线形智能设计与优化技术

图6-42 绿色船舶设计及优化技术

(3) 基于航行脑系统的智能船舶研发与设计技术

"航行脑"系统是基于增强学习的人工智能体系,逐步用机器脑替代人脑,实现船舶智能化，乃至无人化的发展。该技术是服务于船舶智能航行的人工智能系统，由感知、认知和决策执行等3个功能空间组成。该技术以实现货船的智能航行，达到减少配员、降低排放和提高船舶航行安全性为目的。基于航行脑系统的智能船舶研发与设计技术如图6-43所示。

2) 新能源应用与新型动力推进

(1) 船舶风能利用技术

风能主要是通过布置在船舶上的风帆借助风的能量，在保证船舶各项性能稳定的条件下，从而推动船舶前进。风能是比较容易开发的新能源，全球范围内都分布着比较丰富的风力资源，将风能应用在船舶上便成为人们研究的热点。因此，对于我国这样一个能源短缺的发展中国家来说，将风能等新能源应用在船舶上有重要的意义和深远的影响。船舶风能利用技术如图6-44所示。

图6-43 基于航行脑系统的智能船舶研发与设计技术

图6-44 船舶风能利用技术

(2) 船舶生物柴油利用技术

船舶生物柴油利用技术（图6-45）是指将植物油、动物油、废弃油脂或微生物油脂与甲醇或乙醇经酯转化而形成的脂肪酸甲酯或乙酯作为船舶燃料。且生物柴油是典型的"绿色能源"，具有环保性能好、发动机启动性能好、燃料性能好，原料来源广泛、可再生等特性。大力发展生物柴油对经济可持续发展、推进能源替代、减轻环境压力、控制城市大气污染具有重要的战略意义。

(3) 超导磁流体推进技术

超导磁流体推进技术（图6-46）是贯通海水的通道内建有一个磁场，这个磁场能对导电的海水产生电磁力作用，使之在通道内运动，若运动方向指向船艉，则反作用力便会推动船舶前进。它具有低噪声和安全性高等特点,在特殊船舶推进应用中具有重大价值。

图 6-45　船舶生物柴油利用技术

图 6-46　超导磁流体推进技术

(4)混合动力高效推进技术

随着多种能源形式在船舶上的应用,船舶的动力系统逐步趋向于多能源的混合利用。混合动力船舶从定义上是指将柴油动力与 LNG(Liquefied Natural Gas)、蓄电池/超级电容、太阳能、风能、燃料电池和岸电等多种能源联合应用于船舶上,为船舶提供动力。混合动力系统将成为未来船舶动力的重要发展趋势,混合动力系统和有可变功率需求的船舶等将会成为未来航运业关注的热点。相较于传统的柴油动力系统,混合动力系统具有操作性良好、动力冗余、航行噪声小及污染排放少等诸多优点。

3）船舶自主航行

(1) 基于人工智能的无人船自主航行技术

基于人工智能的无人船自主航行技术（图 6-47）涉及无人船的设计、建造、运营等多个领域，以及驾控系统、机舱系统、感知系统、通导系统、岸基支持系统等多个方面，旨在建立一套具有自主学习能力的人工智能系统，能够在不同空间下协同完成无人驾驶功能。

(2) 人-船-岸-环境-货物互联的船舶物联网技术

通过搭建物联网，实现信息的有效采集和有效传输，人与物的识别、定位、跟踪和监控。利用岸与船、船与船之间的数据传输技术、大数据与云计算技术，实现人-船舶-环境-货物的更为广泛的互联，提升船舶状态监测、故障诊断等能力，最大限度地提高船舶航行、装卸货物和港口作业的经济性、高效性和安全性。人-船-岸-环境-货物互联的船舶物联网技术如图 6-48 所示。

图 6-47 基于人工智能的无人船自主航行技术

图 6-48 人-船-岸-环境-货物互联的船舶物联网技术

(3) 船舶综合智能管控技术

开展面向集约、高效、安全的全船综合智能管理与控制系统设计，突破船舶远程控制技术、自主航行决策技术、动力系统智能控制技术、综合智能管控系统设计技术和智能系统应用技术，实现船舶航线、货物、能效、设备管理与控制的自主化。

4）航运物流服务

(1) 基于区块链的航运物流资源整合技术

基于区块链的航运物流资源整合技术（图 6-49）利用区块链中的智能合约、可追溯性、实时共识机制、分布式账本等技术实现无纸化贸易、完善海运供应链网络、助力航运保险业、优化货物运输路线等应用方案,一定程度上对改善航运业传统的层级式管理、提升沟通效率、降低运营成本具有很大意义。区块链技术的发展将推进信息互联网向价值互联网转变,连接世界,提升效率,对于具有全球化特点的航运业发展有着极大的运用潜力。

(2)基于大数据的航运物流供需能力匹配与规划技术

基于大数据的航运物流供需能力匹配与规划技术(图6-50)是在航运大数据的基础上解决水路运输资源尤其是在线路运输能力的配置方面呈现出诸多不适应的问题,表现在物流需求与供给的关系上就是航运供给能力不能适应运输需求等。

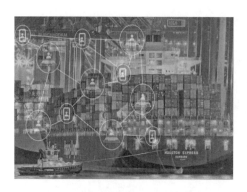

图6-49 基于区块链的航运物流资源整合技术

图6-50 基于大数据的航运物流供需能力匹配与规划技术

(3)基于物联网的航运物流能耗优化控制技术

基于物联网的航运物流能耗优化控制技术(图6-51)是指通过各种信息传感器、射频识别技术、全球定位系统、红外感应器、激光扫描器等各种装置与技术,实时采集航运物流过程中各个环节所产生的能耗并对其进行优化控制,进而实现航运物流的绿色化、高效化。

5)航运智能化

(1)船舶智能机舱技术

船舶智能机舱技术(图6-52)通过航行态势感知系统,对船舶驾驶台资源、机舱资源信息及通航环境信息等进行态势感知,岸基操作员或者人工智能系统经过综合决策,利用船岸通信系统向船舶发送控制指令,然后通过远程操纵系统控制船舶的舵角和航速。

中篇/6　交通运输领域典型前沿和热点技术方向

图 6-51　基于物联网的航运物流能耗优化控制技术

图 6-52　船舶智能机舱技术

（2）智能船舶泛在传感与边缘计算技术

智能船舶泛在传感与边缘计算技术（图 6-53）基于边缘计算处理来自激光雷达、雷达、热成像仪、高清摄像机、卫星数据和天气预报等的大量动态数据，以满足智能船舶所需的计算实时性的要求，从而保证数据分析以及决策执行的实时性。

（3）无人船水上交通安全智能风险管控技术

无人船水上交通安全智能风险管控技术（图 6-54）利用无人船航行安全风险监测预警方法构建智能航运安全预警监测体系，制定船舶故障和突发事件的应急处置策略。无人船水上交通安全智能风险管控技术从情景识别、确定影响安全和环境的风险事件、风险事件的原因和后果、风险控制措施 4 个方面实现对无人船的风险管控。

图 6-53　智能船舶泛在传感与边缘计算技术

图 6-54　无人船水上交通安全智能风险管控技术

(4) 港口物流智能管理技术

港口物流智能管理技术(图 6-55)结合了港口信息感知技术、水陆交通监控计算、综合调度指挥技术与辅助决策支持技术,实现港区安全监管立体化、生产控制智能化、港口服务协同化、指挥调度一体化、物流追踪全程化。

图 6-55　港口物流智能管理技术

6.2 交通运输各领域典型热点技术方向

热点技术主要指目前行业技术重点关注,并已经在世界行业范围内引起了重点的关注与讨论,处于技术发展的上升阶段,已经具备了制作工程样机能力,大规模运用尚显不足,有潜力在未来 3～10 年走入大规模示范应用领域。交通运输领域典型热点技术主要从轨道交通、道路交通、航空运输、水路交通技术层面上展开,对各领域的典型热点技术方向与技术集合进行阐述。

6.2.1　轨道交通领域

随着安全保障技术、应急处置技术、一体化联动技术以及主动安全技术等的发展,推动了轨道交通向智能化与安全化方向发展,载运装备设计制造技术、载运装备新材料技术、载运装备能源与动力技术、载运装备运行控制技术、载运装备无人化技术、区域运输协同管理技术、安全防控技术、运输与服务技术的研究代表着轨道交通典型热点技术的发展方向。轨道交通领域典型热点技术方向见表 6-5。

轨道交通领域典型热点技术方向 表 6-5

技术方向	主要技术
载运装备设计制造技术	低地板有轨电车技术
	重载高速货运列车技术
	超高速磁浮列车设计制造技术
载运装备新材料技术	低成本高耐用车体复合材料技术
载运装备能源与动力技术	高效燃料电池技术
	光伏供能技术
载运装备运行控制技术	地下空间轨道交通列车高精度定位技术
	超长大坡道高原型机车适应性技术
	轨道交通高可信高速专用移动通信技术
载运装备无人化技术	轨道交通全自动驾驶技术
区域运输协同管理技术	区域轨道交通网络一体化协同运营与服务技术
	现代有轨电车协同运行智能管控技术
安全防控技术	轨道交通系统系统安全主动防控技术
	轨道交通车辆全生命周期健康管理与控制技术
	基于 RAMSIS 的列车关键系统服役性能感知与提升技术
运输与服务技术	基于人机情感交互的物流服务技术
	基于智能的运能可配置列车运行控制系统技术

1) 载运装备设计制造技术

(1) 低地板有轨电车技术

低地板有轨电车(图 6-56)采用无弓受流、超级电容等尖端技术,地板距轨面仅 35cm,无须站台,最大运量是公交车的 6～8 倍。车辆可采用蓄电池和超级电容并联混合动力,提供全线无触网方案,爬坡能力强,最小转弯半径仅 19m,城市现有道路即可铺设线路,绿色环保、低噪声,是当今世界最先进的城市交通系统之一。

(2) 重载高速货运列车技术

重载高速货运列车(图 6-57)是指在货运量到发集中的运输线路上采用大型专用货车编组,采用双机或多机牵引开行的一种超长、超重的货物高速列车,重载高速列车车辆载重力大,列车编挂辆数多。围绕速度 250km/h 及以上货运列车成套技术的研究将是高速货运列车方向研究的热点技术之一。

图 6-56　低地板有轨电车

图 6-57　重载高速货运列车

（3）超高速磁浮列车设计制造技术

超高速磁浮列车（图 6-58）是一种现代高科技轨道交通运输工具，它通过电磁力实现列车与轨道之间的无接触的悬浮和导向，再利用直线电机产生的电磁力牵引列车运行。由于磁浮列车具有快速、低耗、环保、安全等优点，因此前景十分广阔。

2）载运装备新材料技术

复合材料是运用先进的材料制备技术将不同性质的材料组分优化组合而成的新材料，具有质量小、强度高、刚性大特点。低成本高耐用车体复合材料技术（图 6-59）能够提升车体强度与可靠性，实现列车的轻量化并降低制动所产生的能源消耗。

图 6-58　超高速磁浮列车

图 6-59　低成本高耐用车体复合材料技术

3) 载运装备能源与动力技术

(1) 高效燃料电池技术

高效燃料电池(图6-60)是一种把燃料所具有的化学能直接转换成电能的化学装置。它是继水力发电、热能发电和原子能发电之后的第四种发电技术。燃料电池是通过电化学反应把燃料的化学能中的吉布斯自由能部分转换成电能,因此效率高、噪声污染小、排放出的有害气体极少。由此可见,从节约能源和保护生态环境的角度来看,燃料电池是最有发展前途的发电技术。

(2) 光伏供能技术

光伏供能技术(图6-61)是一种利用太阳电池半导体材料的光伏效应,将太阳光辐射能直接转换为电能的一种新型发电技术。将其应用在轨道交通领域中,能够为列车运行与管理提供更加绿色的能源。

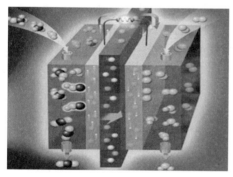

图 6-60 高效燃料电池

图 6-61 光伏供能技术

4) 载运装备运行控制技术

(1) 地下空间轨道交通列车高精度定位技术

地下空间轨道交通列车高精度定位技术(图6-62)利用北斗定位技术实现地下空间轨道交通列车的高精度定位。地铁作为非暴露空间的典型场景,是城市建设中最核心的公共区域,拥有较大的影响面。但卫星导航系统的导航信号却不能覆盖室内和地下空间,无法提供导航定位等服务。因此,地下空间轨道交通列车高精度定位技术对轨道交通有不可忽视的作用。

(2) 超长大坡道高原型机车适应性技术

面对高原地形的超长大坡道,对轨道交通列车的爬坡能力提出了新的要求。鉴于此,超长大坡道高原型机车适应性技术(图6-63)便应运而生,可有效解决列车牵引制动控制问题,大大提升列车对于超长大坡道的适应性。

图 6-62　地下空间轨道交通列车高精度定位技术

图 6-63　超长大坡道高原型机车适应性技术

(3) 轨道交通高可信高速专用移动通信技术

轨道交通高可信高速专用移动通信技术(图 6-64)是基于高速移动环境下的无线电波传播基础理论,解决高速条件下的电波传播、无线干扰、安全苛求应用条件下的传输系统可靠性及适应性等关键问题,为我国轨道交通通信可持续发展提供技术支撑。

5) 载运装备无人化技术

轨道交通全自动驾驶技术

轨道交通全自动驾驶技术(图 6-65)是实现列车自动行驶、精确停车、站台自动化作业、无人折返、列车自动运行调整等功能的列车自动控制技术。实现长周期的运行曲线优化和短周期的实时控制有机结合,可使高速度高密度的城市轨道交通运输系统高效、舒适、准点、精确停车、节能运行得到有力保障。

图 6-64　轨道交通高可信高速专用移动通信技术

图 6-65　轨道交通全自动驾驶技术

6）区域运输协同管理技术

（1）区域轨道交通网络一体化协同运营与服务技术

区域轨道交通网络一体化协同运营与服务技术旨在构建基于系统多制式复合网络特性和各组分系统互操作协同机制的成套理论技术体系，实现区域轨道交通高效能一体化运输、协同安全保障与综合信息服务。

（2）现代有轨电车协同运行智能管控技术

现代有轨电车协同运行智能管控技术（图6-66）的目的是为了提高有轨电车的运行效率，减少在平交路口频繁加速、减速、停车，降低交叉口延误，提高乘客乘坐满意度，同时尽量降低沿线区域社会交通的影响，确保列车的安全行驶。

7）安全防控技术

（1）轨道交通系统系统安全主动防控技术

轨道交通系统系统安全主动防控技术基于数据驱动，结合物联网、传感器、云计算、大数据等信息处理技术，实现安全监测、风险评估、风险控制、应急处置等全过程优化设计，能够有效提高轨道交通系统的事故预防能力。

（2）轨道交通车辆全生命周期健康管理与控制技术

轨道交通车辆全生命周期健康管理与控制技术（图6-67）指利用先进传感技术获取车辆的实时运行状态信息，对车辆进行状态监测和故障预测。与此同时，对其健康状态进行评估，给出合适的维修决策。

图6-66 现代有轨电车协同运行智能管控技术

图6-67 轨道交通车辆全生命周期健康管理与控制技术

（3）基于RAMSIS的列车关键系统服役性能感知与提升技术

基于RAMSIS的列车关键系统服役性能感知与提升技术基于RAMSIS对列

车服役性能的实时跟踪检测,利用智能信息处理方法与动力学理论,基于检测与监测的物理特性,反演列车部件、系统的服役性能。该技术使列车安全运用、科学检修、优化设计更贴合实际需要。

8) 运输与服务技术

(1) 基于人机情感交互的物流服务技术

基于人机情感交互的物流服务技术(图 6-68)使机器能够根据人的表情、语言、肢体行为等,通过不断学习建立情感交互模型,使其在物流服务环节更人性化、智能化,进而大幅提升物流服务质量与效率。

图 6-68　基于人机情感交互的物流服务技术

(2) 基于智能的运能可配置列车运行控制系统技术

基于智能的运能可配置列车运行控制系统技术利用智能、数据和星空车地基测控科技,实现列车运行间隔可动态配置、高可维护性的新型列车运行控制系统,以满足我国西部和边远地区低密度稀疏铁路运输路网的安全、高效运营和持续能力保障需求。

6.2.2　道路交通领域

随着智能环境感知技术、车联网技术的发展,推动了道路交通向智能化与协同化方向发展,载运装备动力系统技术、载运装备智能检测与决策、载运装备新一代通信、网联式智能驾驶技术、基础设施设计、道路工程运用与维护、道路工程环境友好与能源等相关技术的研究代表着道路交通典型热点技术的发展方向。道路交通领域典型热点技术方向见表6-6。

道路交通领域典型热点技术方向　　　　　　　表6-6

技术方向	主要技术
载运装备动力系统技术	增程/插电式混合动力汽车动力系统技术
	纯电动汽车动力电池与电池管理技术
	燃料电池汽车动力系统技术
载运装备智能检测与决策	智能汽车图像识别与跟踪技术
	智能汽车毫米波雷达检测技术
	智能汽车轨迹规划技术
	智能汽车人机交互界面(HMI)技术
载运装备新一代通信	LTE-V2X车联网无线通信技术
网联式智能驾驶技术	固态多线激光雷达传感技术
	基于北斗及无卫星信号的高精度定位技术
	端-网-云平台数据信息安全技术
基础设施设计	道路基础设施全寿命设计技术
	隧道可维护防排水设计技术
	水下结构物抗震减震设计技术
道路工程运用与维护	极端恶劣环境下道路设施建设与延寿技术
	海工混凝土结构长寿命保障技术
	交通基础设施施工安全风险评估、监测预警及事故快速追溯技术
道路工程环境友好与能源	环境友好型道路功能叠加技术
	基于道路空间平台的再生能源集成技术
	道路资源与生态体系建设与优化技术

1)载运装备动力系统技术

(1)增程/插电式混合动力汽车动力系统技术

增程/插电式电动车混合动力汽车动力系统技术(图6-69)是在纯电动汽车的基础上开发的新能源混合动力汽车。而增程式电动车为进一步提升纯电动汽车的续航里程追加增程器,使其能够尽量避免频繁地停车充电。

(2)纯电动汽车动力电池与电池管理技术

纯电动汽车动力电池与电池管理技术(图6-70)是一种解决电池本身高度非线性、与工况严重耦合及电池成组应用技术积累欠缺等问题的技术,通过高效的电池管理技术可以提升电池荷电状态估计精度、充放电控制合理性、整车续航里程。

图 6-69　增程/插电式混合动力汽车动力系统技术

图 6-70　纯电动汽车动力电池与电池管理技术

(3)燃料电池汽车动力系统技术

燃料电池是一种清洁能源，而在将氢氧混合燃料电池作为汽车动力时，对汽车离心空压机、氢气循环泵、电堆提出了新的要求。燃料电池汽车动力系统技术(图 6-71)近似零排放，能够有效减少空气污染。

2)载运装备智能检测与决策

(1)智能汽车图像识别与跟踪技术

智能汽车图像识别与跟踪技术(图 6-72)从原本利用图像特征[如 HOG(Histogram of Oriented Gradient)特征、LBP(Local Binary Pattern)特征、Haar 特征(Haar-like)等]识别与跟踪物体发展到利用卷积神经网络(CNN，Convolutional Neural Nets)对物体进行检测、识别、分割与跟踪，图像感知的准确性和精度得到大大提升。

图 6-71　燃料电池汽车动力系统技术

图 6-72　智能汽车图像识别与跟踪技术

(2)智能汽车毫米波雷达检测技术

智能汽车毫米波雷达检测技术(图 6-73)能够高精度测量被测物体相对距离、相对速度、方位等空间信息。能够及时对汽车做出主动干预,从而保证驾驶过程的安全性和舒适性,降低事故发生概率。

(3)智能汽车轨迹规划技术

智能汽车轨迹规划技术(图 6-74)是根据车辆的起始运动状态,考虑驾驶目的和驾驶环境的变化,生成一条综合性能最优的行驶轨迹。智能汽车轨迹规划技术使得行驶效率和驾驶的安全性、舒适性、经济性得到提升,避免车辆行驶过程的任何碰撞,并与周围障碍物保持一定的安全间距。

图 6-73 智能汽车毫米波雷达及检测技术   图 6-74 智能汽车轨迹规划技术

(4)智能汽车人机交互界面(HMI)技术

智能汽车人机交互界面(HMI)技术(图 6-75)不仅仅会与车内的用户产生交互,还会和车外的周边交通个体产生交互,例如车外的行人、其他智能汽车、交通基础设施等,智能汽车与周边交通个体的情感交互技术将会成为未来汽车人机交互的核心技术。

3)载运装备新一代通信

LTE-V2X 是指基于 LTE(Long Term Evolution)移动通信技术演化形成的 V2X 车联网无线通信技术。能够满足道路事故/施工提醒、信号灯提醒、车速引导、动态地图等信息服务、交通效率类车联网应用需求;实现车辆与周边车辆、路侧基础设施、行人等节点的低时延、高可靠的通信,重点满足前向碰撞预警、十字路口防碰撞预警、紧急车辆预警等行车安全类车联网应用需求。LTE-V2X 车联网无线通信技术如图 6-76 所示。

图 6-75 智能汽车人机交互界面(HMI)技术

图 6-76 LTE-V2X 车联网无线通信技术

4) 网联式智能驾驶技术

(1) 固态多线激光雷达传感技术

固态多线激光雷达是指同时发射及接收多束激光的激光旋转测距雷达,具有 3D(3 Dimensions)建模及环境感知与 SLAM(Simultaneous Localization and Mapping)定位加强功能,可以识别物体的高度信息并获取周围环境的 3D 扫描图,主要应用于无人驾驶领域。固态多线激光雷达传感技术如图 6-77 所示。

(2) 基于北斗及无卫星信号的高精度定位技术

利用北斗及无卫星信号技术将地球同步轨道卫星播发的 L 波段的数据通信链路传输给用户,对车辆进行高精度定位,能够在全国范围内提供稳定的、连续可靠的、安全的、动态精度可达分米级别的导航定位服务。基于北斗及无卫星信号的高精度定位技术如图 6-78 所示。

图 6-77 固态多线激光雷达传感技术

图 6-78 基于北斗及无卫星信号的高精度定位技术

(3) 端-网-云平台数据信息安全技术

端-网-云平台数据信息安全技术是指从终端、管道(有线和无线接入互联网的能力)、云平台(大数据)3个方面出发,保障道路交通状态以及交通出行者等信息的安全,不受偶然或者恶意因素的影响而遭到破坏、更改、泄露,系统可连续可靠正常地运行,信息服务不中断。

5) 基础设施设计

(1) 隧道可维护防排水设计技术

隧道可维护防排水设计技术(图 6-79)涉及设计、材料、施工等多方面因素,从分区防水、预埋注浆设施防水、网络化可控制排水等工艺实现防排水的可维护,能够为隧道防排水的设计与施工起到借鉴作用。

(2) 水下结构物抗震减震设计技术

针对复杂的水下作业环境,水下结构物将面临多样性的挑战,水下结构物抗震减震设计技术(图 6-80)将通过抗震设计、减隔震装置、震动试验平台等手段同时控制结构位移、速度、加速度,确保水下结构物的安全可靠。

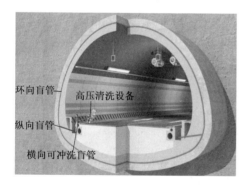

图 6-79 隧道可维护防排水设计技术

图 6-80 水下结构物抗震减震设计技术

6) 道路工程运用与维护

(1) 极端恶劣环境下道路设施建设与延寿技术

极端恶劣环境下道路设施建设与延寿技术(图 6-81)是解决高寒高海拔、复杂地质等极端不良作业条件下的道路设施建设与保养技术,为道路基础设施建设与维护提供了有力保障。

(2) 海工混凝土结构长寿命保障技术

海工混凝土结构长寿命保障技术(图 6-82)主要是根据海工混凝土结构在氯盐

侵蚀与冻融循环下的性能退化规律,攻克海工混凝土结构耐久性等技术难题、提高海工混凝土结构的使用寿命。

图 6-81 极端恶劣环境下道路设施建设与延寿技术

图 6-82 海工混凝土结构长寿命保障技术

(3)交通基础设施施工安全风险评估、监测预警及事故快速追溯技术

交通基础设施施工安全风险评估、监测预警及事故快速追溯技术(图 6-83)是对施工过程进行过程检测并动态完成风险评估、监测预警,同时还具有事故还原、致因分析等功能。

图 6-83 交通基础设施施工安全风险评估、监测预警及事故快速追溯技术

7)道路工程环境友好与能源

(1)环境友好型道路功能叠加技术

环境友好型道路功能叠加技术目的是降低道路交通对人的生活、城市生态环

境的影响,构建适应于海绵城市发展需求的新型道路结构形式,以及利于低碳发展和生态保护的道路建造技术。

(2)基于道路空间平台的再生能源集成技术

基于道路空间平台的再生能源集成技术(图6-84)是指收集与利用道路结构层以及附属构造物的太阳能、风能等清洁能源,形成适用于新能源电动汽车无线充电的道路结构形式以及铺装技术。

图6-84　基于道路空间平台的再生能源集成技术

(3)道路资源与生态体系建设与优化技术

道路资源与生态体系建设与优化技术是实现道路建筑材料的循环利用以及废旧资源在道路建设中的再生利用技术。可实现道路建设与生态环境的协调发展,实现道路服务与资源增值一体化发展。

6.2.3　航空运输领域

随着航班数据自动化采集技术、机场业务智能决策技术等的发展,推动了航空运输向智能化与协同化方向发展,载运装备新型材料技术、载运装备设计制造技术、高精准导航定位技术、基础设施建造与监测技术、机场空管协同管理技术、航空通信与监视技术、航空信息处理技术等相关技术的研究代表着航空运输典型热点技术的发展方向。航空运输领域典型热点技术方向见表6-7。

航空运输领域典型热点技术方向　　　　　表6-7

技术方向	主要技术
载运装备新型材料技术	先进复合材料机身建造技术
	高强度材料及大部件3D打印技术
载运装备设计制造技术	基于模型的大型客机系统工程(MBSE)研制技术
	可感知、可变形智能柔性机翼技术
	基于5G通信的航空制造智能工厂
高精准导航定位技术	新一代抗干扰、高精度定位导航及授时技术
基础设施建造与监测技术	地源热泵建造技术
	超大复杂基础工程高效精细化施工技术
	超大平面混凝土裂缝控制综合技术
	大平面结构隔震、减震成套技术
	机场飞行区设施智能监测与互联技术
机场空管协同管理技术	有人机/无人机混合运行安全管控技术
	机场与空管一体化协同运行技术
	大型航空港综合交通枢纽管控技术
航空通信与监视技术	基于异构网络的空中交通环境监视与态势共享技术
	强抗干扰、长距离、全覆盖监视雷达技术
	高精度飞机通信寻址和报告技术
航空信息处理技术	大数据环境下交通行为建模分析与挖掘技术

1)载运装备新型材料技术

(1)先进复合材料机身建造技术

面对复合材料构件结构多样化、尺寸大型化的发展前景,传统复合材料构件制造工艺已经无法适应我国航空工业迅速发展的需要,先进复合材料机身建造技术需要克服以往复合材料夹层件在制造中存在的缺陷,为推动我国大型客机研制创造有利条件。先进复合材料机身建造技术如图6-85所示。

(2)高强度材料及大部件3D打印技术

3D打印技术是一种快速成型技术,能够提升部件建造的效率、质量以及精度。高强度材料及大部件3D打印技术(图6-86)是以数字模型文件为基础,运用粉末状金属或塑料等可黏合高强度材料,通过逐层打印的方式来构造航空大部件的技术。

图 6-85　先进复合材料机身建造技术

图 6-86　高强度材料及大部件 3D 打印技术

2）载运装备设计制造技术

(1) 基于模型的大型客机系统工程(MBSE)研制技术

基于模型的大型客机系统工程(MBSE)研制技术(图 6-87)是系统工程活动中建模方法的正式化、规范化应用技术，采用正向设计过程，即从飞机所处环境的"外在行为"到"内在功能"再到"物理构造"的设计过程进行展开。该技术能够保证大型客机整体设计的有效性、高效性和系统性。

(2) 可感知、可变形智能柔性机翼技术

可感知、可变形智能柔性机翼技术(图 6-88)使机翼具有进行连续性、大尺度、多自由度、高速率的主动变形的性能，并实时感知飞行载荷和气动外形变化，这使其在设计制造上不能采用传统方式，需要采用新型的材料、结构和驱动控制与传感技术，使变形机翼在功能性、承载性和可靠性上符合实际飞行的性能要求。

图 6-87　基于模型的大型客机系统工程(MBSE)研制技术

图 6-88　可感知、可变形智能柔性机翼技术

(3) 基于 5G 通信的航空制造智能工厂

在航空制造智能工厂中,利用 5G 通信技术能够将传感器获取到的信息通过极低时延的网络进行传递,最终数据需要传递到系统的执行器件来完成高精度生产作业的控制,并且整个过程需要极高可靠性的网络,来确保生产过程的安全高效。基于 5G 通信的航空制造智能工厂如图 6-89 所示。

3) 高精准导航定位技术

新一代抗干扰、高精度定位导航及授时技术

新一代抗干扰、高精度定位导航及授时技术(图 6-90)是指能够在干扰环境下快速完成定位,并及时对航向、方向和速度进行修正,获取并保持更加准确和精确的时间,为航空领域提高导航的抗干扰能力,提供安全、可靠且稳定的高精度定位和导航服务。

图 6-89 基于 5G 通信的航空制造智能工厂

图 6-90 新一代抗干扰、高精度定位导航及授时技术

4) 基础设施建造与监测技术

(1) 地源热泵建造技术

地源热泵建造技术(图 6-91)是一种利用地下浅层地热资源实现向室内供热、供冷的高效节能环保型空调系统,主要利用土壤浅层地热能作为稳定输出的冷热源。充分发挥再生能源回收和节能减排的重要作用,能够使基础设施实现多能源互补,使整个地源热泵供能面积最大化。

图 6-91 地源热泵建造技术

(2) 超大复杂基础工程高效精细化施工技术

超大复杂基础工程高效精细化施工技术能够有效克服基础工程涉及土方开挖、基坑降水、基坑支护及桩基施工,面临的地质复杂、工序相互影响大、施工组织难度大等问题。

(3) 超大平面混凝土裂缝控制综合技术

由于航站楼核心区混凝土结构平面超长超宽,极易因温度应力和收缩应力的作用造成构件出现裂缝,影响结构耐久性和适用性。为此超大平面混凝土裂缝控制综合技术能够对施工中混凝土构件裂缝进行有效的控制。

(4) 大平面结构隔震、减震成套技术

大平面结构隔震、减震成套技术是在航站楼建设过程中利用橡胶隔震支座与隔震弹性滑板支座等实现"隔离"地震作用,同时克服隔震弹性滑板支座在地震作用时会产生较大位移的缺点,并通过黏滞阻尼器进行减震耗能。

5) 机场空管协同管理技术

(1) 有人机/无人机混合运行安全管控技术

有人机/无人机混合运行安全管控技术(图6-92)是基于导航设备、雷达系统、二次雷达、通信设备、地面控制中心等,利用通信、导航技术和监控手段对飞机飞行活动进行监视和控制,保证有人机、无人机的安全和有秩序飞行。

(2) 机场与空管一体化协同运行技术

机场与空管一体化协同运行技术(图6-93)利用信息共享、协同决策实现空域的组织与管理、机场运行、需求与容量平衡、交通同步、空域用户管理、飞行冲突管理以及空管服务管理的一体化管理。

图6-92 有人机/无人机混合运行安全管控技术

图6-93 机场与空管一体化协同运行技术

(3）大型航空港综合交通枢纽管控技术

大型航空港综合交通枢纽管控技术（图 6-94）是从大型城镇群、都市区、临空经济区以及机场核心区 4 个层次通过构建综合交通枢纽实现机场与多种交通运输方式的高效衔接，提升综合交通运输能力。

6）航空通信与监视技术

(1）强抗干扰、长距离、全覆盖监视雷达技术

强抗干扰、长距离、全覆盖监视雷达技术（图 6-95）具有抗干扰、全天候、全天时、探测范围广和工作环境复杂多变等特点，能够准确快速对空中情况进行识别探测。该技术能够保障航空运营的安全高效，是极具应用前景的一种广域监视雷达技术。

图 6-94　大型航空港综合交通枢纽管控技术

图 6-95　强抗干扰、长距离、全覆盖监视雷达技术

(2）高精度飞机通信寻址和报告技术

随着高精度传感探测技术的发展和飞行器运行状态监控精度要求的提高，如何为维护人员提供更准确的数据支撑已成为飞行器高速飞行的关键问题。高精度飞机通信寻址和报告技术（图 6-96）是一种在航空器和地面站之间通过无线电或卫星传输短消息（报文）的数字数据链技术。

图 6-96　高精度飞机通信寻址和报告技术

7）航空信息处理技术

大数据环境下交通行为建模分析与挖掘技术

大数据背景下，面对巨量、多源、异构

的交通数据,如何从现象探究交通行为的本质,在既有交通分析框架下,根据大数据的特征进行交通行为建模分析与挖掘技术研究,是交通行为分析发展面临的极大挑战。大数据环境下交通行为建模分析与挖掘技术是从大量的、不完全的、有噪声的、模糊的、随机的航空数据中探究交通运输规律,提取隐含在其中的、人们事先不知道的、但又是潜在有用的信息和知识的技术。

6.2.4 水路交通领域

智能船舶混合动力技术、大数据、船体机舱设备的状态信息收集技术、船舶操纵辅助决策技术等的发展,推动了水路交通向清洁化与智能化方向发展,载运装备建造与新材料、清洁能源综合应用与能效提升、智能船舶运维、航道协同运营与维护、大数据与航运信息化等相关技术代表着水路交通典型热点技术的发展方向。水路交通领域典型热点技术方向见表6-8。

水路交通领域典型热点技术方向　　表6-8

技术方向	主要技术
载运装备建造与新材料	船用耐低温材料技术
	船舶设备轻量化技术
	特种船舶、极地船舶的设计与建造技术
	大型邮轮设计制造技术
	无压载水船舶设计技术
清洁能源综合应用与能效提升	混合动力系统协同设计技术
	船用并网逆变技术
	船用储能技术
	船舶综合直流组网技术
	船舶尾气排放监管与控制技术
智能船舶运维	船舶全生命周期决策支持技术
	综合监测-评估-决策的船舶全生命周期决策支持技术
	船舶岸电技术
	面向不同场景的智能船舶规划设计技术
	智能船舶测试验证技术
	智能船舶数据安全与设备系统防范技术

续上表

技 术 方 向	主 要 技 术
航道协同运营与维护	基于电子标签自动识别系统的港口信息安全管理技术
	自动化无人堆场系统与自动化装卸技术
	港口机械设备状态智能监测与诊断技术
	基于流程与数据驱动的航道协同维护管理技术
大数据与航运信息化	基于大数据的综合航道控制系统技术
	航运系统大数据资源的多维组织及系统构建技术
	多式联运与现代海运网络构建技术
	船联网与水路大数据技术

1）载运装备建造与新材料

（1）船舶设备轻量化技术

船舶设备轻量化技术（图6-97）利用复合材料等新型材料减轻船舶的重量，显著地提高船舶单位重量的装载量或航行速度，能够有效实现节能、降耗、减排，并明显提升现代水路的运输能力。

图6-97　船舶设备轻量化技术

（2）特种船舶、极地船舶的设计与建造技术

特种船舶、极地船舶的设计与建造技术（图6-98）针对船舶所行驶的特殊极地环境，对船型进行优化，提升其破冰能力、推进功率，船体采用超低温防寒设计并配置辅助破冰系统。特种船舶、极地船舶的设计与建造技术能够使船舶具备在极端气候环境下的航行能力。

（3）大型邮轮设计制造技术

大型邮轮设计制造技术（图6-99）指完成海洋上的定线、定期航行的大型客运轮船建造技术，其制造技术含量高、设计难度大、材料要求复杂，要保证各种电线、水管、送风管在楼层与楼层、房间与房间中穿越,又不能互相影响。

图 6-98　特种船舶、极地船舶的设计与建造技术

图 6-99　大型邮轮设计制造技术

（4）无压载水船舶设计技术

无压载水船舶设计技术（图 6-100）为了减少压载水所带来的多方面危害,力求在不使用压载水的情况下确保船舶航行时的稳定性。无压载水船舶设计技术已经成为主要环保船型的研究方向。

2）清洁能源综合应用与能效提升

（1）混合动力系统协同设计技术

随着多种能源形式在船舶上的应用,船舶的动力系统逐步趋向于多能源的混合利用。混合动力系统协同设计技术（图 6-101）是指将柴油动力与 LNG、蓄电池/超级电容、太阳能、风能、燃料电池和岸电等多种能源联合应用于船舶上,为船舶提供动力。相较于传统的柴油动力系统,混合动力系统具有操作性良好、动力冗余、航行噪声小及污染排放少等诸多优点。

图 6-100　无压载水船舶设计技术

图 6-101　混合动力系统协同设计技术

(2)船用并网逆变技术

船用并网逆变技术(图6-102)是光伏发电系统的核心技术,而其核心组件并网逆变器的最大特点是系统功率高,成本低。大力推广船用并网逆变技术能够大规模节约能源、减少环境污染。

(3)船用储能技术

船用储能技术(图6-103)主要是指船舶航行动力等能源的储存,储存的能量可以用作应急能源,将难以储存的能量转换成更便利或经济可存储的形式,能够满足船舶电力推进系统的用电需求。

图6-102　船用并网逆变技术　　　　　　图6-103　船用储能技术

(4)船舶综合直流组网技术

船舶综合直流组网技术(图6-104)是将所有的发电机组通过整流模块和直流电网相连接,发电机组仍然是交流发电机组,通过整流器将交流电压变换成直流电压,组建直流电站。直流组网系统的最大优势在于其系统集成度更高,由于省去了配电板和部分变压器,整体系统的体积和重量都会大大降低。

(5)船舶尾气排放监管与控制技术

船舶尾气排放监管与控制技术(图6-105)主要由船舶大气排放清单编制、船舶尾气排放影响预测评估、船舶尾气监测检测及后处理技术以及船舶燃油硫含量遥感遥测等海事监管装备组成,能够有效降低船舶尾气对空气环境的污染程度,推动船舶向清洁化、绿色化发展。

3)智能船舶运维

(1)综合监测-评估-决策的船舶生命周期辅助决策技术

综合监测-评估-决策的船舶生命周期辅助决策技术是运用人工智能技术、大数据分析技术,重点突破船舶甲板系统、舱室系统、动力系统机电设备等船用配套系统的全生命周期监测,为船舶完成船体自修复、设备自维护、航线自优化、自主避碰等一系列行为提供辅助决策。

图 6-104　船舶综合直流组网技术

图 6-105　船舶尾气排放监管与控制技术

(2)船舶岸电技术

船舶岸电技术(图 6-106)是指船舶在靠港期间停止使用船上燃油发电机,而改用岸上电源供电的技术。船舶岸电系统以加强智能电网为基础,代表着绿色港口的发展方向,对于保护港口与所在城市的环境,建设清洁、宜居的港口城市和减缓气候变化、保护地球生态环境,实现电能替代都具有十分重要的意义。

(3)面向不同场景的智能船舶规划设计技术

面向不同场景的智能船舶规划设计技术(图 6-107)通过对智能船舶应用场景的智能化分级,对现有船舶的船型进行优化与设计,完成不同场景下、不同智能化阶段的船舶系统架构设计。

图 6-106　船舶岸电技术

图 6-107　面向不同场景的智能船舶规划设计技术

(4) 智能船舶测试验证技术

智能船舶测试验证技术将突破虚实融合的场景测试与评估、综合测试与验证平台的搭建，实现智能船舶虚实融合的综合测试环境、船岸海联动的试验机制与测试技术，并完善智能船舶测试规程、测试标准与验证总体方案的编制修订工作。

(5) 智能船舶数据安全与设备系统防范技术

智能船舶数据安全与设备系统防范技术针对船舶数据监控、融合、分析、存储和共享过程中遭到恶意篡改、污染和删除等问题，加强抵御传感器转换攻击、控制单元接口操作攻击的相关技术，可确保船舶智能应用系统和单元设备软件系统的稳定性、可靠性和安全性。

4) 航道协同运营与维护

(1) 基于电子标签自动识别系统的港口信息安全管理技术

基于电子标签自动识别系统的港口信息安全管理技术利用无线射频识别技术建立一种港口装卸作业安全预警系统，当作业人员进入起重机械作业半径，预警系统发出警报，以警示作业人员注意安全，达到提升港口安全作业水平的目的。

(2) 自动化无人堆场系统与自动化装卸技术

自动化无人堆场系统与自动化装卸技术(图 6-108)通过对堆场作业流程设计、堆场堆存管理、堆场运行控制与监控完成货物的自动化装卸技术。自动化无人堆场系统与自动化装卸技术是当今世界港口的发展趋势，对于降低运营成本起到非常重要的意义。

图 6-108　自动化无人堆场系统与自动化装卸技术

(3)港口机械设备状态智能监测与诊断技术

港口机械设备状态智能监测与诊断技术(图 6-109)运用机器学习、高精度传感等技术对港口机械设备进行状态监测,故障的收集、诊断与分析,完成对设备运行状态的诊断,并及时采取相应的预防措施,延长港口机械设备的使用寿命。

(4)基于流程与数据驱动的航道协同维护管理技术

基于流程与数据驱动的航道协同维护管理技术(图 6-110)将流程与数据驱动相结合完成航道维护观测、维护性疏浚、清障、整治建筑物维修,以及航运枢纽、过船建筑物、航标设施、船舶基地、码头场站、航道工作船艇等航道设施、设备的运行、监测、检查、保养维护等工作。

图 6-109 港口机械设备状态智能监测与诊断技术

图 6-110 基于流程与数据驱动的航道协同维护管理技术

5)大数据与航运信息化

(1)基于大数据的综合航道控制系统技术

基于大数据的综合航道控制系统技术在水路大数据的基础上,通过对航道的实时信息采集,对船舶航行路径进行智能规划以及对船舶智能控制,提升航道利用效率。

(2)多式联运与现代海运网络构建技术

多式联运与现代海运网络构建技术(图 6-111)是指通过构建现代海运网络与其他交通运输方式相衔接,通过对船舶的航线规划以及港口的规划管理实现水路交通运输与其他交通运输方式的多式联运,进一步提升水路运输的服务能力。

(3)船联网与水路大数据技术

船联网与水路大数据技术(图 6-112)通过网络将船舶、货物、航道、港口、码头、环境信息等联系起来,对船联网中获取的海量数据进行大数据融合分析、挖掘分析,保证船舶的高效安全航行以及提高船舶系统的运行效率。

图 6-111　多式联运与现代海运网络构建技术　　图 6-112　船联网与水路大数据技术

7 交通运输领域具有全局影响的典型前沿和热点技术方向

在交通运输领域各模式及综合交通方向辨识确定典型前沿和热点技术的基础之上,凝练出具有全局影响意义的交通运输领域典型前沿和热点技术方向,包括载运装备无人化、交通运输系统智能化、交通管理与控制综合化和协同化、交通运输系统新模式、交通运输与新材料技术融合、交通运输与新能源技术融合。

7.1 载运装备无人化

为满足未来国家综合发展的需求,加快城际以及城市内部之间资源配送效率,提升交通运输的安全保障能力,载运装备无人化在人工智能、感知技术、计算机技术、信息技术的基础上突破了传统的以驾驶员为核心的模式,在一定程度上提高了行驶的安全性和稳定性,大幅降低了交通事故的发生率。除此之外,载运装备无人化还能够减少尾气排放和能源损耗,具有极高的经济效益和社会效益,是未来城市智慧化发展的重要组成部分,是未来交通运输领域的主要发展方向。

载运装备无人化是指自动驾驶汽车、船舶、飞机、轨道列车等多种载运装备,通过装配智能软件与摄像头、激光雷达、毫米波雷达、GPS 等各类传感器采集设备感知外界环境,而后由内部的计算机系统分析处理并控制行驶行为,从而实现自主安全驾驶。载运装备无人化是传感器、计算机、人工智能、通信、导航定位、模式识别、机器视觉、智能控制等多门前沿学科的综合体,其关键技术包括环境感知、移动通信、导航定位、路径规划、决策控制等。汽车无人驾驶技术如图 7-1 所示。

图 7-1 汽车无人驾驶技术

1）环境感知技术

载运装备通过环境感知技术来辨别自身周围的环境信息，为其行为决策提供信息支持。环境感知包括载运装备自身姿态感知和周围环境感知两部分。

载运装备自身位姿信息主要包括速度、加速度、倾角、位置等信息，主要用驱动电机、电子罗盘、倾角传感器、陀螺仪等传感器进行测量。载运装备周围环境感知以雷达等主动型测距传感器为主，被动型测距传感器为辅，采用信息融合的方法实现，且激光、雷达、超声波等主动型测距传感器相结合更能满足复杂、恶劣条件下执行任务的需要，同时进行路径规划时可以直接利用激光返回的数据进行计算，无须知道障碍物的具体信息。而视觉作为环境感知的一个重要手段，在目标识别、道路跟踪、地图创建等方面具有其他传感器所无法取代的重要性，然而目前在恶劣环境感知中尚有不足。

2）导航定位技术

导航定位技术用于确定载运装备其自身的地理位置，支撑载运装备路径规划和任务规划功能。导航定位技术可分为自主导航技术和网络导航技术两种。

自主导航技术是指除了定位辅助之外，不需要其他外界的协助，即可独立完成导航任务。自主导航技术在本地存储地理空间数据，所有的计算在终端完成，在任何情况下均可实现定位，但是自主导航设备的计算资源有限，导致计算能力差，有时不能提供准确、实时的导航服务。目前自主导航技术可分为三类：

(1)相对定位。主要依靠里程计、陀螺仪等内部感受传感器，通过测量载运装备相对于初始位置的位移来确定当前位置。

(2)绝对定位。主要采用导航信标、主动或被动标识、地图匹配或全球定位系统进行定位。

(3)组合定位。综合采用相对定位和绝对定位的方法，弥补单一定位方法的不足。组合定位方案一般有GPS＋地图匹配、GPS＋航迹推算、GPS＋航迹推算＋地图匹配、GPS＋GLONASS(俄语"全球卫星导航系统"的缩写)＋惯性导航＋地图匹配等。

网络导航技术能随时随地通过无线通信网络、交通信息中心进行信息交互。移动设备通过移动通信网与直接连接于Internet(互联网)的Web GIS服务器相连，在服务器执行地图存储和复杂计算等功能，用户可以从服务器端下载地图数据。网络导航的优点在于不存在存储容量的限制、计算能力强、还能够存储任意精细的地图,而且地图数据始终是最新的。

3)路径规划技术

路径规划技术是载运装备信息感知和智能控制的桥梁,是实现自主驾驶的基础。路径规划技术是在具有障碍物的环境内按照一定的评价标准,寻找一条从起始状态(包括位置和姿态)到达目标状态的无障碍路径。

路径规划技术可分为全局路径规划和局部路径规划两种。全局路径规划是在已知地图的情况下,利用已知局部信息如障碍物位置和道路边界,确定可行和最优的路径,把优化和反馈机制很好地结合起来。局部路径规划是在全局路径规划生成的可行驶区域指导下,依据传感器感知到的局部环境信息来决策无人平台当前计划行驶的轨迹。全局路径规划针对周围环境已知的情况,局部路径规划适用于环境未知的情况。路径规划算法包括可视图法、栅格法、人工势场法、概率路标法、随机搜索树算法、粒子群算法等。

4)决策控制技术

决策控制技术是载运装备的中枢系统,其主要功能是依据感知系统获取的信息来进行决策判断,进而对下一步的行为进行决策,然后对载运装备进行控制。决策技术主要包括模糊推理、强化学习、神经网络和贝叶斯网络等技术。

决策控制系统的行为分为反应式、反射式和综合式三种方案。反应式控制是一个反馈控制的过程,根据载运装备当前位姿与期望路径的偏差,动态调节方向转角和速度。反射式控制是一种低级行为,用于对行进过程中的突发事件做出判断,并迅速做出反应。综合式控制在反应层中加入机器学习模块,将部分决策层的行为转化成基于传感器的反应层行为,从而提高系统的反应速度。

7.2 交通运输系统智能化

我国智能交通系统主要应用于城际高速公路、城市交通、电子停车场等领域。尽管我国的智能交通行业发展较快,但与发达国家相比,仍处于初级阶段,具有巨大的发展空间。而互联网与交通融合的步伐不断加快,交通运输系统智能化已经成为我国交通运输领域需要重点突破的方向之一。

交通运输系统智能化(图7-2)是在较完善的交通基础设施的条件下,将先进的信息技术、数据通信传输技术、电子传感技术、电子控制技术以及计算机处理技术和系统综合技术有效集成并应用于整个运输系统,以解决交通安全性、运输效率、能源和环境问题,从而建立起大范围内发挥作用、适时、准确、高效的综合运输和管理系统。交通运输系统智能化主要是由出行信息服务技术、交通信息管理技术、公共交通服务技术、载运装备控制技术、物流管理技术、电子收费技术以及紧急救援技术组成。

图 7-2　交通运输系统智能化

(1)出行信息服务技术

出行信息服务技术是依托交通信息资源整合系统和客运站场管理信息系统的信息资源,通过互联网、呼叫中心、手机、PDA(Personal Digital Assistant)等移动终端、交通广播、路侧广播、图文电视、车载终端、可变情报板、分布在公共场所内的大屏幕等显示装置,为出行者提供较为完善的出行信息服务。出行信息服务技术可以为交通出行者提供路况、突发事件、施工、沿途、气象、环境等信息,为采用公共交通方式的出行者提供票务、运营、站务、转乘以及在途信息等。

(2)交通信息管理技术

交通信息管理技术是面向交通管理者的信息采集、处理和传输技术,主要用于检测控制和管理交通,在管理者、车辆和驾驶员之间提供通信联系。它可对交通运输系统中的交通状况、交通事故、气象状况和交通环境进行实时的监视,依靠先进的车辆检测技术和计算机信息处理技术,获得有关交通状况的信息,并根据收集到的信息对交通进行控制,如信号控制、发布诱导信息、交通管制、事故处理与救援等。

(3)公共交通服务技术

公共交通服务技术是采用包含智能化、信息化等在内的新技术促进公共运输业朝更加安全便捷、经济、高效的方向发展。通过个人计算机、视频设备等向公众就出行方式和事件、路线及车次选择等提供咨询，在车站通过显示器向候车者提供车辆的实时运行信息。在车辆管理中心，可以根据车辆的实时状态合理安排发车、收车等计划，提高工作效率和服务质量。

(4) 载运装备控制技术

载运装备控制技术目的是开发帮助驾驶员实行载运装备控制的技术，从而使载运装备行驶更加安全、高效。载运装备控制技术为驾驶员提供各种形式的防碰撞和安全保障措施，改善了驾驶员对行车环境的感应和控制能力，由载运装备辅助安全驾驶技术和自动驾驶技术组成。

(5) 物流管理技术

物流管理技术指以交通运输网络和信息管理系统为基础，研发智能化的物流管理系统，应用管理的基本原理和科学方法，对物流活动进行计划、组织、指挥、协调、控制和监督，使各项物流活动实现最佳的协调与配合，以降低物流成本，提高物流效率和经济效益。综合利用卫星定位、地理信息系统、物流信息及网络技术有效组织货物运输，能提高运输效率。

(6) 电子收费技术

电子收费技术是世界上最先进的路桥收费方式。通过安装在车辆风窗玻璃上的车载器与在收费站 ETC(Electronic Toll Collection)车道上的微波天线之间的微波专用短程通信，利用计算机联网技术与银行进行后台结算处理，从而达到车辆通过路桥收费站不停车交纳路桥费的目的，可以使车道的通行能力提高3～5倍。

(7) 紧急救援技术

紧急救援技术是基于出行信息服务技术、交通信息管理技术和有关的救援机构和设施，通过出行信息服务技术和交通信息管理技术将交通监控中心与职业的救援机构联成有机的整体，为交通资源使用者提供故障现场紧急处置、现场救护等服务。

7.3　交通管理与控制综合化和协同化

新时代的交通运输面临着严峻的考验。目前我国交通运输领域各个部门系统割裂、信息孤岛严重导致数据碎片化，缺乏协同化的综合交通管理与控制。而综合运输是引领经济社会发展和促进国家重大发展战略实施的先行官，其协同化的管理与控制是支撑新型城镇化的创新发展,适应区域协同发展模式的重大变革,落实生态绿色发展的必要途径。

综合运输体系是指各种运输方式在社会化的运输范围内和统一的运输过程中,按其技术经济特点组成分工协作、有机结合、连续贯通、布局合理的交通运输综合体,是由轨道、道路、航空和水路等各种运输方式及其线路、站场等组成的综合体系。综合交通管理与控制协同化主要是基于多种运输方式的交通信息收集与处理技术,将无人化技术与综合交通相融合,实现跨运输方式的无缝衔接,为交通运输需求者提供更加高效、便利、安全的服务。交通信息集处理平台如图 7-3 所示。

图 7-3 交通信息集处理平台

交通管理与控制综合化与协同化主要由以下 5 个方面组成:

(1) 车联网环境构建及服务技术

车联网通过新一代信息通信技术,实现车与云平台、车与车、车与路、车与人、车内等全方位网络连接,主要实现"三网融合",即将车内网、车际网和车载移动互联网进行融合。车联网是利用传感技术感知车辆的状态信息,并借助无线通信网络与现代智能信息处理技术实现交通的智能化管理,以及交通信息服务的智能决策和车辆的智能化控制。

(2) 无人驾驶环境下的出行共享组织与优化技术

无人驾驶环境下的出行共享组织与优化技术在出行者出行方式和路径选择特征基础上,分析局部期望路径、周边实时驾驶态势,建立无人驾驶汽车的多目标优化与冲突消解机制;构建综合实时道路交通信息的无人驾驶汽车调度平台,结合无人驾驶汽车对特定场景或突发事件的理解和预判理论,完成实时的道路交通信息和轨迹规划策略,使无人驾驶汽车能够完成有效协同的自主决策。

(3) 空-地-水协同环境下面向立体无人化的运输与配送技术

针对交通畅通、安全、便捷等重大需求,以无人驾驶汽车、无人机、无人船、无人驾驶轨道交通运输系统为核心,构建无人驾驶交通运输体系。建立基于无人车与无人机、无人船的空-地-水立体物流运输网络原型系统,攻克无人车组网无人机与无人船组网关键技术,解决无人车、无人机与无人船的货物接驳问题。搭建基于低空浮空器的立体交通运输监控与管理系统,实现无人车、无人机、无人船的立体监控。面向偏远地区,建立空-地-水协同的无人机、无人车、无人船物流运输系统。

(4) 多模式时空动态交通行为分析与需求引导技术

多模式时空动态交通行为分析与需求引导技术通过建立移动互联环境下交通行为的动态辨识模型,分析多尺度下交通行为时空分布规律,揭示多源信息环境下交通行为人因机理。通过实时出行数据的交通大数据分析服务平台,预测交通个体日常活动制定与出行计划,完成多方式、多层次、多手段的一体化出行需求调控和交通行为引导。

(5) 综合交通大数据多元感知与实时协同处理技术

探索多源数据信息耦合下的运输协调与服务决策技术、多主体模式的交通重点枢纽布局与协同运行优化技术、跨区域协同式交通运输资源应急处理技术、多方式综合运输一体化管理技术,来实现以数据为驱动的综合交通运输规划技术,进而提升我国综合交通运输系统弹性。构建综合交通运输网络规划决策支持系统,为跨区域多方式综合交通运输网络一体化规划提供技术支持,从而建成安全便捷、畅通高效、绿色智能的现代综合交通运输网络体系。

7.4　交通运输系统新模式

科技发展日新月异,现有交通运输系统模式已不能满足跨空间、多时域、高运量、高效率的交通运输需要,人工智能、5G 通信、区块链等高新技术的发展对交通运输系统的未来提出了新的要求。

交通运输系统新模式是指未来交通运输载运装备在行驶中将彻底摆脱目前运输模式的束缚,结合高速、可靠的信号采集处理、新能源技术、智能决策技术等,其运输速度、运载能力以及服务能力将得到大幅提升,交通运输系统模式将会跨越式发展,可大大提高运行安全及运行效率。交通运输系统新模式主要以超高速真空管道列车技术、超高速磁浮列车技术、亚轨道飞行技术、空铁/空轨/巴铁、无人驾驶汽车技术、无人机快递技术为代表。

(1)超高速真空管道列车技术

超高速真空管道列车(图7-4)是一种能浮在铁轨上、车轮与轨道不接触的列车,通过超导磁体与轨道铝块相互作用,产生强大的向上浮力。其原理是采用"磁悬浮+低真空管道",利用磁悬浮的方式来减小地面摩擦阻力,利用低真空环境和超声速外形来减小空气阻力。列车将在低气压环境中行驶,车底布满特制的高温超导材料,依靠液氮等材料形成的低温,达到超导和磁悬浮效果。

(2)超高速磁浮列车技术

超高速磁浮列车是由无接触的磁力支承、磁力导向和线性驱动系统组成的新型交通工具,主要有超导电动型磁浮列车、常导电磁吸力型高速磁浮列车以及常导电磁吸力型中低速磁浮列车。列车在铁轨上方悬浮运行,铁轨与车辆不接触,不但运行速度非常快,可以超过600km/h,而且无噪声,不释放有害废气,有利于环境保护。由于不需车轮,不存在轮轨摩擦而产生的轮对磨损,减少了维护工作量和经营成本。超高速磁浮列车技术如图7-5所示。

图7-4 超高速真空管道列车

图7-5 超高速磁浮列车技术

(3)亚轨道飞行技术

亚轨道飞行技术(图7-6)是指在高度上抵达临近空间顶层,但速度尚不足以完成绕地球轨道运转的飞行器,其速度一般在5~15马赫,任务完成后可返回地球,能够重复使用。

(4) 无人驾驶汽车技术

无人驾驶汽车技术(图 7-7)依靠人工智能、视觉计算、雷达、监控装置和全球定位系统协同合作,让电脑可以在没有任何人类主动操作下,自动安全地操作机动车辆。汽车因其方便、快捷而成为近距离出行必不可少的交通工具,未来无人驾驶汽车技术将成为交通运输系统主要模式之一,能够使交通出行的安全得到有力保障,并且可以有效缓解交通运输压力、减少环境污染。

图 7-6　亚轨道飞行技术

图 7-7　无人驾驶汽车技术

(5) 无人机快递技术

无人机快递技术(图 7-8)是利用无线电遥控设备和自备的程序控制装置操纵无人驾驶的低空飞行器运载包裹,自动送达目的地,其优点主要在于解决偏远地区的配送问题,提高配送效率,同时减少人力成本。

图 7-8　无人机快递技术

7.5 交通运输与新材料技术融合发展

交通运输设备轻量化对于车辆减重、提速、降噪、降低能源消耗具有非常重要的意义,在我国制造业的升级中占有重要地位,而新材料、新工艺等相关技术是交通运输设备轻量化的主要途径。交通运输领域涉及材料种类繁多,如载运装备的关键部件材料、表面涂层与防腐材料、减振降噪材料等。先进超材料、低成本复合材料制造等技术为交通运输设备轻量化提供了重要的材料保障。

(1) 超材料技术

超材料技术是指一些具有人工设计的结构并呈现出天然材料所不具备的超常物理性质的人工材料。超材料的设计思想是通过在多种物理结构上的设计来突破某些表观自然规律的限制,从而获得超常的材料功能。超材料可以在不违背基本的物理学规律的前提下,人工获得与自然界中的物质具有迥然不同的超常物理性质的"新物质"。典型的超材料还包括左手材料、光子晶体、非正定介质、电磁超材料等,电磁超材料是迄今为止超材料技术研究最为集中的方向。非金属超材料微结构如图7-9所示。

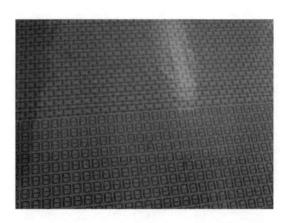

图7-9 非金属超材料微结构

(2) 低成本复合材料制造技术

先进复合材料主要指高性能的纤维增强体与高性能的树脂基体用专门的成型技术复合而成的一种高性能的新材料体系。主要优点是轻质、高强、耐腐蚀、抗疲劳,可用于高端大型产品,如飞机和轨道交通车辆的结构承力件。

随着先进复合材料的应用范围越来越广,制造成本过高成为制约其发展的主要因素,工业界迫切需求低成本复合材料技术,如碳纤维复合材料(图7-10)作为关键战略材料之一,其批量生产降低成本势在必行。先进复合材料的低成本制造技术涉及材料、工艺、设备的多方面原因。

图 7-10 碳纤维复合材料

7.6 交通运输与新能源技术融合

目前我国高速公路、高速铁路的路网规模都位居世界第一,道路汽车产销量、高速列车运营规模及保有量也达到世界第一,国家骨干交通运输网络发展水平居于世界前列。我国面临能源的需求量急速增长的困境,但传统的化石燃料无法满足现有的需求,因此开发交通运输新能源是必行之路。

新能源主要是可再生的绿色能源,主要包括太阳能、风能、生物能、潮汐能等。而作为能源需求紧迫的交通运输领域,急需开展与新能源技术的融合与研究,从而改变当前交通运输系统的能源供应模式,由单一能源结构发展为多元能源互补模式,实现交通运输系统能源的安全、高效、环保、可持续利用。交通运输与新能源技术主要包括基础设施新能源技术、载运装备新能源技术。新能源汽车如图7-11所示。

图 7-11　新能源汽车

（1）基础设施新能源技术

交通基础设施新能源技术是将新能源技术融合到交通设施和设备，主要包括机场、港口、桥梁、道路等，以交通基础设施为载体，对可再生能源进行收集与利用。

交通基础设施附近的风力资源，可通过能量收集、存储、使用设备，应用于运输工具、路况检测设备等的供能。利用铁路等具有丰富太阳能资源或其他可再生资源，通过分布式光伏技术，将使得暂时被闲置的能源潜力被充分挖掘和利用，提高交通系统能源自给率（图 7-12）。

a)太阳能火车隧道　　　　　　　　b)太阳能停车位

图 7-12　交通基础设施新能源技术应用

(2)载运装备新能源技术

载运装备新能源技术是将新能源技术融合到交通运输的运输工具中,主要包括车辆、船舶、集装箱、飞机、运载火箭、铁路货车、客车等,为载运装备提供更加节能高效的动力支撑。

将太阳能、风能、波浪能等可再生能源技术引入航运、空运、陆运中。新能源电动飞机电源可为太阳能电池或燃料电池;氢动力轨道列车依靠氢燃料和空气中的氧气等成分进行化学反应,是一种无污染新能源技术(图7-13)。

a)RX-1E新能源电动飞机

b)氢动力轨道列车

图7-13 载运装备新能源技术应用

8 交通运输领域前沿和热点技术方向典型案例分析

8.1 案例一 北京地铁燕房线

一、案例场景描述

北京地铁燕房线起于阎村东站,连接房山良乡、燕山地区和房山城关,途经房山区,止于燕山站,大致呈东西走向。线路全长14.4km,全为高架段。设9座车站,全为高架站,线路与车站规模适中。采用B型车4节编组。每站的站台层中部均设有封闭的候车室,从燕山站到阎村东站,单趟列车全程运营时间可控制在40min内,使居民出行更加高效。地铁燕房线推动了北京市"两轴-两带-多中心"城市格局的发展,有助于凸现北京"西部生态带"。

该线于2017年12月30日开通主线工程(阎村东站—燕山站),标志色是橙红色,为中国首条自主研发的全自动运行地铁线路。燕房线是全自动运行地铁线路,司机不用操作设备,列车自动唤醒、洗车、折返、回库、上线运行,系统还可以通过"自诊断"发现自身存在的问题。

车辆采用自动车钩,实现车辆之间控制总线、电路、气路、通信线路的重联,满足故障车辆救援时的自动联挂功能。线路还安装了轨道障碍物探测系统,保障列车行车安全;车门、屏蔽门也安装了对位系统,如果车门发生故障,将提前"告知"屏蔽门,列车进站时保持关闭状态。当触发火灾模式、疏散模式、站台门故障模式时,电力、信号等系统都将按设计好的连锁关系联动运行。此外,远程制动、站台紧急停车按钮等功能都将保障线路运营安全。北京地铁燕房线线路图如图8-1所示,北京地铁燕房线如图8-2所示。

中篇/8　交通运输领域前沿和热点技术方向典型案例分析

图 8-1　北京地铁燕房线线路图

图 8-2　北京地铁燕房线

二、功能和技术方案

全自动无人驾驶系统（Full Automatic Operation，FAO）是基于现代计算机、通信、控制和系统集成等技术实现列车运行全过程自动化的新一代城市轨道交通系统，是系统自动化程度的最高等级。其核心系统主要包括车辆、信号、车辆基地以及为上述系统和专业提供信息传输通道和通信手段的通信系统、车辆上和控制中心综合信息集成的综合行车自动化系统，充分实现车辆、综合监控、站台门、广播、旅客信息、车库门等各相关领域的整合及优化。其各子系统主要有如下功能：

（1）车辆系统

包括自动车钩、障碍物脱轨监测控制、客室门对位切除、走行部在线监测、远程断路器复位、远程隔离、蓄电池强电、紧急拉手等。

（2）信号系统

包括自动洗车控制功能、列车休眠唤醒功能、列车蠕动控制功能、列车客流动态应对功能、全自动驾驶区域人员防护开关（SPKS）、故障对位隔离功能。

（3）综合行车自动化系统

包括对讲电话、视频调用、广播等综合集成人机界面制作、集成、综合信息处理功能等。

(4)通信系统

包括车载视频调用功能、车载广播、对讲语音以及安全信息数据的传输通道、地下区间广播、视频功能等。

(5)车辆基地

包括根据运行计划图"唤醒"待班列车、启动列车并运行至正线、指挥列车退出正线服务返回停车库、完成全自动车体外皮清洗和自动"休眠"等功能。

(6)控制中心

包括车辆及乘客调度功能、车辆远程控制功能、状态监控及乘客服务功能、综合维修调度功能、车辆基地停车库门连锁功能等。

北京地铁燕房线操纵台如图 8-3 所示,车辆段检修库如图 8-4 所示。

图 8-3　北京地铁燕房线操纵台

图 8-4　北京地铁燕房线车辆段检修库

三、技术作用

北京地铁燕房线所涉及的技术主要有信号系统自动控制技术、综合行车自动化技术、列车在途感知技术、自动化停车列检技术等。这些技术在北京地铁燕房线的综合应用主要体现在列车信号系统、列车通信系统、列车停车场系统、集成化TIAS(行车综合自动化系统)、综合行车自动化平台等。

四、演化方向

除我国的北京、上海、广州、香港等地已经实施轨道交通全自动无人驾驶技术以外，英国、法国、德国等国也实现了全自动无人驾驶技术。与此同时，国内轨道交通领域企业也纷纷加速与全自动无人驾驶技术相关的研发工作。全自动无人驾驶技术的应用不仅能够大幅降低运维成本，亦可显著提高运营安全和可靠性。2023年我国无人驾驶预计地铁线里程如图 8-5 所示。

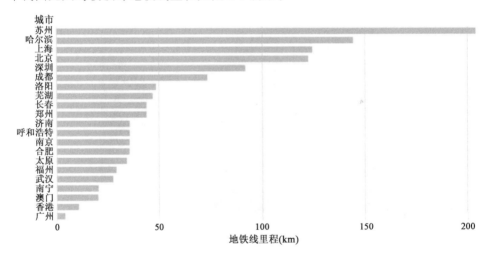

图 8-5　2023 年我国无人驾驶预计地铁线里程

目前，人工智能、自动驾驶和互联技术在车辆上加速应用。人工智能的发展，对自动无人驾驶领域的车辆智能计算平台体系架构、车载智能芯片、自动驾驶操作系统、车辆智能算法等关键技术以及车辆智能化平台的发展提供了重要支撑，并大大加快了列车网联化进程。

未来轨道交通自动无人驾驶技术将围绕人工智能、网联化、智能化发展，在既有的全自动运行系统(列车自动运行)基础上,覆盖无人驾驶列车、智能调度、智能车场、智能车站、智能运维等部分,大幅提升中心、车站、车场、调度和运维管理的智能化水平,实现轨道交通全程、全范围的智能化控制。

8.2 案例二 天津港"智慧港口"

一、案例场景描述

天津港围绕《天津港"智慧港口"建设三年行动计划》(2017—2019年),规划了5类29个重点项目,力争全方位打造特色"智慧港口",开启了"智慧港口"建设快进模式。2019年,天津港将在全场智能调度、设备远程操控以及无人电动集卡、口岸实时数字验放等方面加大研发力度,有望成为全国第一个完成传统码头自动化升级改造的港口。天津"智慧港口"如图8-6所示。

图8-6 天津"智慧港口"

智慧港口是以信息物理系统(Cyber Physical Systems,CPS)为结构框架,利用物联网、云计算、大数据及移动互联网、人工智能等新一代信息技术,在泛在信息全面感知和互联的基础上,使物流供给方和物流需求方共同融入港口集疏运一体化系统,实现车、船、货、港、人五大基本要素之间无缝连接与协同联动,以智能监管、智能决策和自动装卸为主要工作模式,并能为现代物流业提供高安全、高效率、高品质服务的现代港口形态。

智慧港口按港口的类型可分为大型海港智慧港口和中小型内河码头智慧港口。智慧港口业务布局如图 8-7 所示。

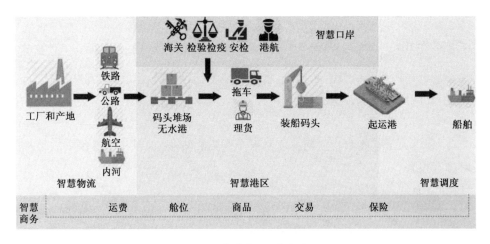

图 8-7 智慧港口业务布局

二、功能和技术方案

1）大型海港智慧港口

对于大型海港智慧港口，以青岛港自动化码头为建设实例，青岛港码头与互联网、物联网、大数据平台深度结合形成"超级大脑"，可大大提高工作效率，每小时可作业 40 个自然箱，比传统码头提高 30%，节省工作人员 70%。其主要实现以下几个方面的功能：

（1）在船舶靠泊前，全自动码头操作系统依据船舶信息，自动生成作业计划并下达指令。

（2）桥吊把集装箱吊到转运平台上。

（3）机器人自动拆锁垫。

（4）门架小车把集装箱吊运到 AGV（Automated Guided Vehicle）上，AGV 再把集装箱运送到指定位置。

（5）轨道吊把集装箱精准地吊送到堆场。

2）中小型内河码头智慧港口

综合应用物联网技术、云计算技术、移动互联网技术、大数据技术，以及人工智能技术等,建设更加智能、安全、高效、绿色的中小型内河码头智慧港口。其结构和功能有在线云服务门户、虚拟化的基础设施、虚拟化的数据资源层、公共支撑服务层、应用服务层。

三、技术作用

智慧港口所涉及的技术主要有:物联网技术、云计算技术、移动互联网技术、大数据技术、区块链技术,以及人工智能技术等。这些前沿技术在自动化码头的综合应用主要体现在:

(1)利用人工智能和物联网技术对卡车和集装箱监控,当其达到预定的地理围栏时进行报警。

(2)基于物联网技术对货物进行跟踪。

(3)利用云计算、大数据、人工智能技术计算并显示卡车预计到达时间。

(4)利用物联网技术把卡车连接到码头运营商的系统。

(5)利用大数据分析技术优化集装箱到卡车的作业计划,减少等待时间。

(6)利用移动通信技术为卡车驾驶员提供由停车场经营者分享的停车信息。

(7)利用云计算和大数据分析对作业与行程进行管理。

(8)利用移动通信技术为卡车驾驶员提供交通及基础设施信息。

(9)利用区块链技术进行水路物流管理。

四、演化方向

随着智慧港口相关技术的发展,未来的智慧港口将具有以下特点:

(1)国际贸易便利化。

(2)金融场景普及化。

(3)数据服务商业化。

(4)码头运营智能化(设备操作自动化、港口调度智能化、信息数据可视化)。

(5)海运物流协同化(可达:优化物流网络;可知:互联互通的信息化平台;增值:增加物流交易创新服务)。

此外,智慧港口将逐步具有以下功能:远程控制、智能闸口、智能车辆调度、整合的港口IT系统、智能船舶、智能的多式联运、集卡高效配载、货物可视化追踪、物流货物电商、云端配载、供应链金融,以及一站式服务等。

8.3 案例三 阿拉米达货运走廊

一、案例场景描述

随着我国多样化交通运输方式的迅速发展,对多种运输方式的协调、组织、规划等综合交通运输能力提出了新的要求。其中,多式联运是综合交通运输实现的主要手段之一。综合交通运输主要是由两种及两种以上的交通工具相互衔接、转运而共同完成的运输过程。

美国阿拉米达货运走廊是世界多式联运经典之作。阿拉米达货运走廊是一条长为32km的铁路重载运输通道,连接长滩港、洛杉矶港与美国国家铁路网的快速货运通道,在洛杉矶雷东多联轨站并入铁路网。洛杉矶港的港区内铺设了大约180km的铁路线,直接通到各个码头。未修建阿拉米达货运走廊之前洛杉矶港城冲突情况如图8-8所示。

图8-8 未修建阿拉米达货运走廊之前洛杉矶港城冲突情况

目前,阿拉米达货运走廊平均每天运行60列货运列车,全年约有500万TEU(Twenty-feet Equivalent Unit)集装箱通过。集装箱从船上卸下后,无须经集卡中转,即可直接装上货运列车,然后通过阿拉米达货运走廊运到市区的铁路货运中转站,再从那里连接到全美和北美大陆的铁路网中,实现海铁联运的无缝衔接、海运与美国内陆运输的紧密连接以及美国经济与亚洲经济的紧密连接。工程建设时的预期是到 2020 年,每天会有 100 列货运列车通过。

阿拉米达货运走廊对我国如何缓解日益突出的港城矛盾,如何将港口的腹地通过铁路线向内陆发展,如何解决大陆桥运输和国际海运通道衔接的"中间一公里"问题有重要的借鉴作用。因此,大力发展多式联运,能够加速运输结构调整、促进物流业降本增效,是引领国际物流通道建设、推动国际贸易便利化的基础工程。

二、功能和技术方案

多式联运枢纽城市要建立专属的货运通道。鉴于阿拉米达货运走廊等经典案例,多式联运越来越被重视,许多货运量较大,且具备大型公、铁、水、空枢纽资源的城市均开始引入多式联运的布局理念(图 8-9)。多式联运主要有以下功能:

图 8-9　多式联运结构组成

(1)公共集装箱还箱点

规划设立集装箱作业区及公共集装箱还箱点(主要针对海运箱),不仅方便进出口企业就地提、还箱,还能加快物流周转速度,降低物流运作成本。

(2)多式联运综合服务

建设多式联运综合服务大厅,在多式联运综合服务包含铁路、船公司、港口、海关、商检在内的多个服务窗口,实现一次性受理、一站式服务。

(3)多式联运集散中心

建立集物流、商流、信息流为一体的多功能现代化多式联运集散中心,主要功能包括转运、仓储、装卸、拆零拼箱、配送、包装、流通加工等。

(4) 集装化联运中转

配备集装化装备,快速转运设备。快速转运设备主要包括柴油叉车、手动液压叉车、集卡及配套拖车等。这些集装化装备和快速转运设备的使用有助于加快集装箱的快速中转运输,进一步提高集装箱多式联运的效率。

(5) 信息平台

搭建多式联运 EDI(Electronic Data Interchange)数据交换平台。包括多式联运信息订单及提单流转子平台、综合物流信息 EDI 中心等。

三、技术作用

多式联运所涉及的技术主要有:物流体系无缝化衔接技术、大型集装箱转运技术、区域交通运输需求预测技术、多式联运信息处理技术等。这些前沿技术在自动化码头的综合应用主要体现在:

(1) 铁路进港实现。

(2) 专属货运通道建立。

(3) 多式联运新型装备研制。

(4) 港城联动规划布局设计。

四、演化方向

推进多式联运发展,应以强化不同运输方式之间的衔接协调、提高多式联运的组合效率和整体效益、提升组合运输服务能力和现代物流发展水平为根本目标。通过多式联运专业站场、多式联运承运人以及快速转运装备技术标准规范和信息平台的技术创新和示范应用,加快推进多式联运发展。

(1) 提高基础设施衔接水平

加快推进传统货运枢纽改造升级,加强基础设施规划和建设的高效衔接。

(2) 提升一体化服务能力

充分发挥多种运输方式的运输优势,创新运营组织模式,构建多式联运运营主体。

(3) 提高货物转运效率

推进设施设备的标准化建设,提升运输装备的通用性和现代化水平,加大现代化技术装备的应用。

综合交通运输可以充分发挥各种运输方式的整体优势和组合效率，为货主提供无缝衔接的门到门服务，代表着综合运输发展方向。加快推进我国多式联运发展，既是提高物流效率、降低物流成本、推动综合运输结构性节能减排的重要途径，也是深化交通运输改革发展、促进经济转型升级的根本要求。

8.4 案例四 亚轨道商业飞行

一、案例场景描述

传统的商业飞行方案中，由于平流层具有能见度高、受力稳定、噪声污染小、安全系数高等优点，因此大型客机大多在起飞后穿过对流层在平流层飞行。本方案提出商业飞机在海拔50km及以上，在大气中间层的亚轨道飞行方案。

亚轨道一般是指距地面20～100km的空域，处于现有飞机的最高飞行高度和卫星的最低轨道高度之间，也称为临近空间或空天过渡区，大致包括大气平流层区域、大气中间层区域和部分电离层区域。这一区域既不属于航空范畴，也不属于航天范畴，而对于情报收集、侦察监视、通信保障以及对空对地作战等，有很大的发展前景。亚轨道商业飞行具有很强的商业潜力。亚轨道商业飞行可以用于点对点的空间运输，通过加速可达数十倍音速。"方舟一号"生命活体亚轨道飞行试验器如图 8-10 所示。

图 8-10 "方舟一号"生命活体亚轨道飞行试验器

设想未来亚轨道商业飞行运行场景,以纽约到上海为例,其直线距离为 11987km,传统商业大型客机需要约 12h 的飞行,而亚轨道飞行仅需 39min,最大速度可以达到 27000km/h。未来全球大多数的长途旅行将会低于 30min,在 1h 以内可以到达地球上的任何地方。

二、功能和技术方案

亚轨道商业飞行技术的核心在于亚轨道飞行器的设计制造和运行控制。亚轨道商业飞行的特点是高空、高速,其发展涉及多学科的融合,为确保安全、可靠、低成本和可重复利用,需要先后攻破气动布局、发动机方案及其进气道布局、操控方案以及制导系统等关键技术;其次,需要全新的、不同于大气层内飞行的通信、导航、监视和运行控制等关键技术和系统。

1)气动布局分析技术

亚轨道飞行器的飞行高度已经进入太空,虽然速度很快但还不能够达到进入绕地球轨道飞行的速度。这种飞行器为能够在大气层内远程跳跃高速飞行,必须有优良的气动外形和机身结构,并依靠机身下部形状控制进入发动机的气流,为吸气推进提供良好的条件。鸭式气动布局如图 8-11 所示。

图 8-11 鸭式气动布局

未来飞行器的发展,除制导技术、控制技术等需要继续发展外,气动特性的提高将是一个非常重要的因素。设计流线型弹身或设计光滑的翼-身组合体,机身与发动机进气道的一体化设计,采用非圆柱截面机身等,目的都为使飞行器具有低阻、高升力、高升阻比等特性。亚轨道飞行器兼有高超声速飞行器的特点,可以借鉴此类飞行器的气动特性。

2)超燃冲压发动机

冲压发动机属于吸气式喷气发动机类,由进气道、燃烧室和尾喷管构成,没有压气机和涡轮等旋转部件,高速迎面气流经进气道减速增压,直接进入燃烧室与燃料混合燃烧,产生高温燃气经尾喷管膨胀加速后排出,从而产生推力。它结构简单、造价低、易维护,超声速飞行时性能好,特别适宜在大气层或跨大气层中长时间超声速或高超声速动力续航飞行。超燃发动机内部构造如图 8-12 所示。

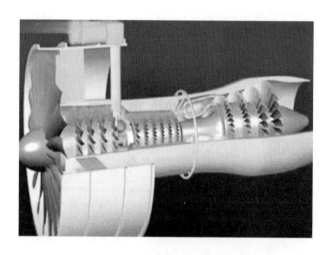

图 8-12　超燃发动机内部构造

当冲压发动机燃烧室入口气流速度为亚声速时,燃烧主要在亚声速气流中进行,这类发动机称为亚燃冲压发动机,目前得到广泛应用;当冲压发动机燃烧室入口气流速度为超声速时,燃烧在超声速气流中开始进行,这类发动机称为超燃冲压发动机。超燃冲压发动机一般应用于飞行马赫高于 6 的飞行器,如高超声速巡航导弹、高超声速飞机和空天飞机。

3)亚轨道飞行操控技术

由于高速飞行的特点和复杂的飞行环境,亚轨道飞行器在动力学、控制与制导方面也与传统的飞行器有较大的差别,集中体现为:

(1)亚轨道飞行器一般具有很高的速度,在低速和高速运动条件下其动力学和控制特性将发生很大的变化。特别是飞行器弹体特性具有更高频率的运动模态，将使得经典的控制理论难以满足要求。

(2)亚轨道飞行器加速阶段，采用以火箭发动机为基础的组合循，将采用吸气式发动机为动力，动力系统将在若干种工作模式下转换，要确定的一个问题就是发动机的最优转换条件。因此，其最优的轨道动力学和运动特性也将与之耦合。

4)亚轨道飞行器

亚轨道飞行器和飞机的区别为：飞机只能在大气层里飞行，但是空天飞机或者亚轨道飞行器，既可以在大气层里飞行，也可以像飞船和航天飞机一样在大气层外边飞行。亚轨道飞行器不能完全像航天飞机一样进行轨道飞行，它只是处在亚轨道状态，但是它可以进入大气层的边缘，这个地方空气阻力很小，所以它可以飞得很快，而且飞行高度相当高。从技术来说，它和现在的飞机和现在航天发射的火箭都有本质的区别。Lynx系列亚轨道飞行器如图8-13所示。

图8-13　Lynx系列亚轨道飞行器

三、技术作用

亚轨道商业飞行所涉及的技术主要有：亚轨道可重复使用飞行器（SRLV）气动布局优化方法、面向空管需求的低轨道卫星星座系统、星基通信导航和监视关键技术等。上述技术在亚轨道商业飞行的综合应用主要体现在：

(1)亚轨道飞行器研制。

(2)亚轨道空间定位系统研制。

(3) 亚轨道飞行操纵技术研制。

(4) 临近空间通信平台研制。

四、演化方向

亚轨道商业飞行的核心内容是可重复使用运载火箭,可为大规模空间移动节约可观的成本。可重复使用的运载火箭是指从地面起飞完成预定发射任务后,全部或部分返回并安全着陆,经过检修维护与燃料加注,可再次执行发射任务的火箭。

可重复使用运载火箭是降低空间运输费用的重要手段,也是提升空间快速响应能力的有效途径,具有成为潜在战略威慑的可能。另外,重复使用运载火箭也代表了当今航天科技领域的最高水平,其具有的技术溢出与产业升级效应将显著提升相关领域的技术水平和创新能力,推动国民经济增长。因此,各航天大国都把发展重复使用运载火箭作为未来发展重点。

8.5 案例五 轨道交通低成本复合材料

一、案例场景描述

随着我国"一带一路"倡议的提出,轨道交通运输事业面临新的机遇与挑战,交通运输设备的轻量化在我国整个制造业的升级中占有重要地位,急需新材料和新工艺的技术支撑。轨道交通运输载体、汽车及飞机的轻量化产业发展迫在眉睫,中国中车在"引领全球轨道交通装备行业发展"目标的导向下,其主机厂如中车青岛四方机车车辆股份有限公司、中车长春轨道客车股份有限公司、中车唐山机车车辆有限公司等已经开展了轨道交通车辆设备舱、车体、司机室、转向架等碳纤维复合材料化的相关研究,在推进轨道交通装备轻量化进程方面取得较大成效,图8-14为中车四方公司研制的"下一代地铁"列车CETROVO。与采用钢、铝合金等传统金属材料的列车相比,采用碳纤维复合材料的CETROVO地铁列车的车体、司机室、设备舱分别减重30%以上,转向架构架减重40%,整车减重13%。经过测算,在多项节能新技术的配合下,平均能耗降低了15%。但是高性能纤维增强树脂基复合材料等先进材料在轨道交通装备领域的应用仍处于研究阶段,还需要更多的实验验证及进一步的深度研究。

图 8-14 中车四方公司研制的"下一代地铁"列车 CETROVO

二、功能和技术方案

低成本、高效率及自动化复合材料成型技术的发展及工程化应用是高性能复合材料应用于轨道交通装备产业化的关键。现在航空、汽车、轮船及轨道交通运输应用较多的低成本、高效率及自动化的复合材料成型技术主要包括 4 种:自动铺放技术、长大型材拉挤技术、网格缠绕整体成型技术和液体成型技术。

(1)自动铺放技术

自动铺放技术不同于传统的手工铺覆,是通过程序设定精确控制增料加工模式,减少拼装零件的数量,节约制造、装配和加工成本,能够更充分地利用材料,提高材料的利用率,降低材料废品率,提高加工效率。该技术适用于大尺寸和复杂构件,是高效、低成本制造的重要解决方案。

(2)复杂截面长大型材拉挤技术

拉挤成型技术是复合材料通过模具中化学反应预成型,再通过牵引力的作用做直线运动形成成品的一个过程。拉挤成型技术的主要特点是高效率、生产连续和自动化。拉挤成型产品特点为恒定截面、长度尺寸可控。

(3)网格缠绕整体成型技术

复合材料的网格结构主要有圆柱状网格结构、圆锥状网格结构及平板状的网格结构 3 种外形结构。复合材料的网格缠绕结构成型需要编制缠绕程序来控制缠绕的方向和角度,进而直接在网格凹槽中进行缠绕,需要制造对应的网格模具,可以实现高度自动化和批量化生产,且制品的稳定性较好,属于低成本的成型工艺方式。

(4)网格液体整体成型技术

液体成型技术是指通过预制干态纤维织物的预成型体,通过树脂导入的方式与干纤维预成型体进行浸润,最终固化成型的一种工艺方式。液体整体成型工艺可以提高产品的成品率,工艺稳定性较高,能够通过参数的优化,提高复合材料制品的损伤容限。

三、技术作用

低成本复合材料所涉及的技术主要有:自动铺放技术、复杂截面长大型材拉挤技术、网格缠绕整体成型技术、网格液体整体成型技术。上述技术在低成本复合材料的综合应用主要体现在:

(1)复合材料制造自动化。

(2)确保制品长度可控、低制品孔隙率、易于二次胶接。

(3)使材料结构具有更高的比强度和比刚度。

(4)提高产品的成品率以及复合材料制品的损伤容限。

四、演化方向

新材料主要是采用先进的复合材料,如采用复合材料以及高性能金属材料,同时通过合理的、优化的复合结构设计实现最后的轻量化设计与降成本的双重目标。因此,实现交通运输领域的轻量化目标应主要从以下四方面进行:第一,发展自动化、低成本复合材料设计及制造工艺;第二,发展轻量化复合结构设计技术;第三,创建交通装备领域轻量化发展进程,形成顶层规划;第四,建立交通装备领域指标及标准化体系。

8.6 案例六 发电/充电路面

一、案例场景描述

道路交通系统中,照明、车辆、信息传输等无处不需要能源。发电/充电路面能够主动收集道路系统中耗散的剩余能量,并提供给道路系统中的照明设施、运行车辆和传感与信息传输,实现能源的自主供给。该方案中,主要由两部分构成,发电路面系统与充电路面系统。发电路面主要用于收集道路系统中耗散的光能、机械能、风能、热能等;充电路面则主要供给新能源汽车。新能源车辆行驶过程中,若发现电量不足,可行驶至特定车道,如具有充电能力的紧急停车道,从而一边行车一边充电,充电完成后即可驶离充电区域。

利用太阳能是发电/充电路面最典型的案例。例如 2006 年,美国 Scott Brushaw 和 Julie 提出了太阳能公路的设想。此后,德国阿沙芬堡高速公路在隧道进行了太阳能板安装。意大利 A18 高速公路,在废弃的高架桥上安装了太阳能设备。2014 年,荷兰修建了世界上第一条太阳能公路,这条路位于荷兰北部城市克罗曼尼,由荷兰应用科学研究院、皇家 Imtech 科技公司等联合开发。2016 年 1 月,法国政府对外宣布,正式开启太阳能道路项目,未来 5 年,法国将修建全球里程最长的太阳能道路。2017 年 9 月,山东齐鲁交通发展集团完成 660m^2 路面的铺设并实现并网发电,同时配备了电动汽车充电桩、智能引导标线等衍生应用设施,是我国首例光伏路面试验段,也是全球首条全路幅宽度铺设的光伏路面(图 8-15)。

图 8-15　山东齐鲁交通发展集团的承载式光伏路面

二、功能和技术方案

发电/充电路面主要由发电路面系统与充电路面系统组成。由压电材料、热电材料、光电材料等先进材料和设备收集道路系统中的机械能、热能、太阳能和风能等,通过能源存储技术,实现间断、不稳定电力的并网。充电路面采用在路面内部埋设非接触式充电设施,在汽车行驶过程中动态非接触式充电。光伏高速公路如图 8-16 所示。

图 8-16　光伏高速公路

三、前沿技术作用和形态

发电/充电路面所涉及的技术主要包括先进材料与制造技术、新能源汽车技术、电力并网技术与能源存储技术等。上述技术在发电/充电路面的综合应用主要体现为:

(1)先进材料与制造技术能够保障对剩余能源的收集与回收效率。

(2)新能源汽车的发展是发电/充电路面发展的需求与动力。

(3)电力并网技术与能源存储是打通发电与充电路面连接的纽带。

四、演化方向

目前制约发电路面和充电路面技术的主要难点在于:第一,现有发电效率较低,难以提供足够的电量;第二,现有发电量不稳定,波动性较大,对电网冲击较大;第三,受非接触式充电技术制约。总体而言,技术路线和方向没有问题,在解决发电效率、并网技术、非接触式充电技术的基础上,发电/充电路面有望实现。

而超级公路将是公路发展的终极形态,是充电和发电路面的重要演化方向。在超级公路系统中,需要不断克服各项技术难点,最终实现零事故、零延误、零排放、零供能的目标。超级公路与万物互联,与其他交通运输系统、载运车辆、附属设施互联互通，实现自主交通运营。在新一代可控核聚变技术突破的前提下，能源可以无限制供给，将不再是制约交通运输发展的关键。超级公路将完全实现能源自我供给，进而新能源车辆、道路感知器件、设备与装备都将能够实现能源自我供给，最终车辆能够自主运营，车辆、乘客、道路设施以及其他系统能够实现信息交互。

9 本篇结论

在对"交通运输领域技术发展总体趋势和前沿及热点技术"进行充分分析的基础上，本篇提出了交通运输系统各领域（轨道交通、道路交通、航空运输、水路交通）典型前沿和热点技术方向，并凝练出具有全局影响意义的交通运输领域典型前沿与热点技术方向及其典型案例，具体如下：

（1）形成了交通运输各领域典型前沿和热点技术方向、典型前沿和热点技术集合及定义。

轨道交通领域未来关键技术创新应以实现载运装备设计制造技术、载运装备新材料技术、载运装备能源与动力技术、基础设施设计维护管理技术、载运装备运行控制技术、载运装备无人化技术、区域运输协同管理技术、安全防控技术、运输与服务技术等为主要方向，积极引入其他行业的先进技术，并进行示范，加快轨道交通装备专业关键技术的科技创新，掌握领先全球的科技竞争先机。

道路交通领域未来关键技术创新应以实现载运装备智能感知、载运装备自动驾驶与控制决策、基础设施建造与新材料、道路工程全时域动态感知与智能决策、无人驾驶化的共享出行系统、载运装备动力系统技术、载运装备智能检测与决策、载运装备新一代通信、网联式智能驾驶技术、基础设施设计、道路工程运用与维护、道路工程环境友好与能源等为主要方向，完成面向道路交通运输的规划、设计、建造、运营以及综合管理等智能化服务，从根本上推动智能交通、平安交通的发展和实现。

航空运输领域未来关键技术创新应以实现航空载运装备新型动力技术、载运装备新型材料技术、载运装备设计制造技术、载运装备控制决策技术、高精准导航定位技术、机场空管协同管理技术、航空通信与监视技术、航空信息处理技术、载运装备新型材料技术、载运装备设计制造技术、高精准导航定位技术、基础设施建造与监测技术、机场空管协同管理技术、航空通信与监视技术、航空信息处理技术等为主要方向，提高航空导航系统的可用性、可靠性，实现管制员、飞行员和承运人的空地协同运行,保证航空运输的安全与效率。

水路交通领域未来关键技术创新应以实现载运装备设计制造、新能源应用与新型动力推进、船舶自主航行、智慧港口服务与管理、航运物流服务、航运智能化、智能船舶运维、航道协同运营与维护、大数据与航运信息化等为主要方向,不断推动船舶管理、智慧航道建设、海事行为分析和安全保障,以及水路物流优化服务向智能化、高效化和绿色化方向发展。

(2)基于具有全局影响意义的交通运输领域典型前沿和热点技术方向,分析评估了交通运输领域典型前沿技术案例,包括场景案例描述、功能技术方案、前沿技术作用形态、分析评估与演化方向。

通过对各交通运输领域典型前沿和热点技术方向与集合定义的解析,提炼出具有全局影响意义的交通运输领域典型前沿和热点技术方向,主要为载运装备无人化、交通运输系统智能化、协同化交通管理与控制、交通运输系统新模式、交通运输与新材料、交通运输与新能源。从以上各个方向出发,分别进行了北京地铁燕房线、天津港"智慧港口"、阿拉米达货运走廊、亚轨道商业飞行、轨道交通低成本复合材料、发电/充电路面等典型案例的分析。进一步论证了未来交通运输领域关键技术向着载运装备无人化、交通运输系统智能化、交通管理与控制综合化和协同化、交通运输系统新模式、交通运输与新材料技术融合、交通运输与新能源发展的合理性。

下篇
交通技术的未来与科技创新任务

10 交通运输领域未来发展模式（2021—2035年）

10.1 交通运输领域未来发展模式

近年来,大数据、物联网、云计算、移动互联网技术的快速发展,为交通运输提质增效升级提供了很好的条件。结合未来15年经济、社会发展愿景,展望2021—2035年,我国综合国力持续提升,新型工业化、信息化、城镇化、农业现代化的加速推进将带来旺盛的运输服务需求,未来交通运输将呈现居民出行需求更加个性化、交通供给更加多样化、交通规划与决策更加精细化、交通装备更加自主化、交通管理更加科学化和智慧化的趋势。以下对交通运输领域载运装备、基础设施、运营管理与服务的科技发展新模式进行分析。

10.1.1 载运装备

在载运装备方面,我国交通运输领域在技术体系的完整性、载运装备制造和运营规模总体上已经跨入世界先进水平行列。运载模式将呈现丰富多样的可能性,主要表现为载运装备的多栖化、无人化、清洁化和轻量化。

1）多栖化

随着多模式交通运输技术的发展,不同交通运输方式之间的界限将逐渐模糊,轨道、道路、航空、水路交通运输的服务要求更安全、更高速、更便捷、更舒适。多领域交通运输网络从独立走向整合,载运装备从单栖走向多栖,水-陆-空-天交通运输系统将通过联网联控实现多栖化交通运输网络协同。

（1）水陆两栖载运装备

水陆两栖载运装备（图10-1）分为履带式和轮式两种,滑水、水翼、气垫等新技术的应用将大大提高两栖载运装备的航速。水陆两栖载运装备在军用方面可用于两栖快速登陆突击、空投、巡逻;在民用方面则可用作抗洪抢险、两栖地带运送物资、滩海娱乐等。

图 10-1　水陆两栖载运装备

(2) 空陆两栖载运装备

空陆两栖载运装备(图 10-2)是一种既能够在天空中飞行也可以在陆地上行驶的交通工具,它可以在陆地行驶模式和飞行模式之间相互切换。空陆两栖载运装备是由现代通信技术、计算机网络技术、行业技术、智能控制技术等汇集而成,现已逐步向智能化发展。

图 10-2　空陆两栖载运装备

(3) 水陆空三栖载运装备

水陆空三栖载运装备(图 10-3)是能在水上、陆地上行驶,空中飞行的新型交通工具,能够便捷地实现三种功能的转换,能够在常规机动车路面上垂直起飞和降落。载运装备的三栖化的实现使得其具有更广阔的应用前景。

图 10-3 水陆空三栖载运装备

2)无人化

载运装备无人化在人工智能、感知技术、计算机技术、信息技术的基础上突破传统的以驾驶员为核心的驾驶模式,在一定程度上将提高行驶的安全性和稳定性,可大幅降低交通事故的发生率。因此,无人化作为未来载运装备的主要发展模式,是未来科技进步的承载者,将突破现有载运装备的运行模式,能够加快城际以及城市内部之间资源配送效率,提升交通运输的安全保障能力。无人驾驶汽车如图10-4所示。

图 10-4 无人驾驶汽车

3)清洁化

交通能源消耗是造成局部环境污染和全球温室气体排放的主要来源之一。加速调整能源结构和转变能源开发利用模式,加快绿色、多元、高效、低碳的可持续能源应用是其发展的必然要求和趋势。在电能、太阳能等绿色能源普及的基础上,载运装备能源动力系统呈现出向清洁化发展的趋势。电力新能源汽车如图10-5所示。

图 10-5 电力新能源汽车

4）轻量化

随着全球城市化、工业化程度的不断深入，轨道交通运输、道路交通运输、航空运输和水路交通运输产业取得了长足的发展。与此同时，能源短缺和环境污染的问题也日趋严重，随着人们的节能环保意识日益加强，世界各国致力于推动低能耗、低排放交通工具的发展，轻量化已成为未来交通运输装备制造业发展的必然趋势。因此，未来交通载运装备发展将以高度轻量化为主要目标，碳纤维等复合材料与先进轻合金将结合 3D 打印、一体成型技术被广泛运用在装备主体结构上，大型的装配生产线将成为历史。未来随着新概念材料，例如超材料与自修复材料的成熟与应用，交通运输装备将实现高度轻量化。轻量化装备如图 10-6 所示。

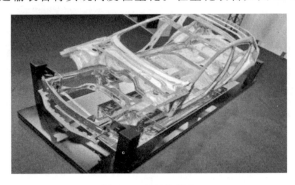

图 10-6 轻量化装备

10.1.2 基础设施

提升基础设施智能化和绿色化水平是交通运输领域科技发展的重要需求。围绕智能化和绿色化目标，通过研究先进的交通运输基础设施建管养基础理论和关键技术，建立智能化、网联化、规范化的装配式交通运输基础设施，是未来交通运输基础设施科技发展的主要模式。

（1）智能化

随着人工智能技术、基础设施监控管理技术与载运装备安全服务技术的不断突破，一系列诸如智能交通标志标线、智能监测摄像头、智能毫米波雷达等产品有望兴起。智能化是降低劳动强度和成本、提高效率和质量、保障安全的有效途径。基础设施建造智能化如图 10-7 所示。

图 10-7　基础设施建造智能化

（2）绿色化

建设低污染、低能耗基础设施不仅是绿色低碳发展的需要，也是满足城市居民健康出行的需求，更是保障交通运输可持续发展的有效方式。因此，绿色化的基础设施建造工艺和材料是降低环境影响、增强环境友好的关键。前瞻性地开展太阳能发电道路、不间断充电道路等可能引发重大产业变革的绿色交通运输基础设施设备研究，可使我国交通运输设施建设发展始终站在世界最前沿。基础设施建造绿色化如图 10-8 所示。

10.1.3　运营管理与服务

交通运营管理与服务的协同化、信息化是未来交通运输领域的主要发展模式。一是交通场景目标全息感知技术将融合感知芯片和人工智能等技术，实现交通场景的感知、定位等功能,进一步实现空-天-地-水的交通运输系统协同化管理;二是交通大数据、云平台、边缘计算等技术,实现交通信息收集、处理等功能,推动了交通运营管理与服务协同化、信息化进程。

图 10-8　基础设施建造绿色化

(1) 协同化

随着移动互联技术和车路协同技术的发展,协同式的交通系统运营管理与服务成为未来发展的重要模式。基于人工智能、车联网等新技术的应用,未来交通监管技术体系能够实现全息感知和人机协同,赋能的后端平台可实现交通场景跨界融合和智能化应用,使交通场景感知更全面、交通行为分析更智能、交通风险防控更精准、交通信息服务更高效,能不断满足日益增长的交通运输运营管理与服务需求。未来交通运输系统管理与服务的重点是对系统的强化、整合和协调,其目的是在系统需求与供应变化情况下,系统性能可以最大程度保持最优状态。运营服务与管理协同化如图 10-9 所示。

(2) 信息化

未来交通运营管理与服务的另一大发展趋势是提升信息化程度。通过信息技术实现系统数据的获取、存储、分析、交互、共享、管理和应用,并形成辅助行业建设、运营、管理、安全和服务的智能化工具,信息化已成为推动行业创新发展和提升企业竞争力的关键。信息化程度高低对于促进运营管理与服务的资源信息共享程度、提升运营管理效能和服务品质起着决定性的作用。运营管理与服务信息化如图 10-10 所示。

图 10-9　运营服务与管理协同化

图 10-10　运营管理与服务信息化

10.2　交通运输各领域未来发展模式

未来交通运输领域中将充分运用新材料、新能源、物联网、云计算、人工智能、自动控制、移动互联网等技术，对载运装备、基础设施、交通运营管理与服务等交通运输领域交通建设、交通运营管理全过程进行管控支撑，使交通运输系统各环节、各过程具备感知、互联、分析、预测、控制等能力，以充分保障交通安全、发挥交通基础设施效能、提升交通运输系统运行效率和管理水平，为通畅的出行和可持续的经济发展服务。轨道交通、道路交通、航空运输、水路交通领域发展模式也将由传统模式向绿色化、智能化、轻量化、信息化、智能化发展模式转变。

10.2.1 轨道交通领域

未来轨道交通系统将更加智能化、轻量化、模块化与绿色化,全面覆盖从洲际长途运输到个人灵活出行,运行速度从数百公里到数千公里,无缝连接其他种类交通运输设备,旅客出行将无须购票,使用个人身份辨识技术进行结算,真正实现无间隔、无停顿的旅程。交通运输系统的运行将摆脱时刻表,按照当前客流量与客户需求灵活定制运行计划与线路,实现整体运行效率的最优。

(1)智能化

在以物联网、大数据、人工智能为代表的先进信息技术的支持下,轨道交通领域正在把更多资源投入"智能化"范围。以数字化、网络化、智能化为主线,智能设计、智能制造、智能运营、智能维护以及智能服务已成为轨道交通领域的热点,将极大提升轨道交通运输运维效率和服务水平。轨道交通智能化如图10-11所示。

图10-11　轨道交通智能化

(2)轻量化与模块化

从世界产业技术发展趋势来看,轨道交通装备制造产业越来越多地融合了当代信息技术、新材料、新能源等高新技术的研究成果,安全、绿色、高效、智能的轨道交通运输装备将成为未来发展的主导方向。通过应用新材料、新能源,产品的安全性、可靠性大大增强,节能环保特性持续改善。跨学科多种技术的深度融合,促进轨道交通运输装备朝着轻量化、模块化、标准化和智能化方向发展,新产品的研发和投产周期加快,产品更加多样化。轨道交通装备轻量化与模块化如图10-12所示。

(3)绿色化

随着新材料、新能源的应用,轨道交通装备主供电系统将逐步消失,不再依赖供电网、供电轨等供电系统,氢能燃料电池逐渐成熟,微电网、分布式等供电技术逐步推广。轨道交通基础设施将通过光能、风能等绿色清洁能源制氢,用以供给轨道交通系统能量,实现运行过程的零排放。未来小型可控核聚变技术突破后,轨道交通装备会彻底摆脱对能量补充的依赖,仅在新造或大修出厂时进行能量加注,便可保证全寿命周期内的运行能量需求。在智能制造、新能源和新材料等前沿和热点技术的发展和支撑下,未来轨道交通系统会更加高效便捷、经济适用、绿色环保。轨道交通绿色化如图 10-13 所示。

图 10-12　轨道交通装备轻量化与模块化

图 10-13　轨道交通绿色化

10.2.2　道路交通领域

随着道路交通科技的进步和智能交通系统的快速发展,未来借助各种远距、近距互联通信技术和由智能化基础设施构成的完备的泛在物联网络系统,将实现和城市物联网的全时互联,智能网联、无人驾驶等技术将成为未来交通运输的基本支撑,智能私人汽车、共享汽车、公共交通工具等不同交通运输系统的异构交通要素之间将能够互联互通、智能协同、协调组织,从而形成安全、高效、舒适、便捷、绿色的智慧出行智能接驳体系,并将建立起空地一体的新型立体智能交通运输系统。道路交通领域未来主要的发展模式包括交通运输系统的智能化、协同化、信息化、自主化和绿色化等。

(1) 智能化

道路交通系统的功能从传统承担车辆荷载,逐步向道路智能化基础设施设计建造、智能化运营管理、智能出行服务等多功能模式转变。尤其是随着互联网、大数据、云计算、人工智能、5G、自动驾驶等为代表的新一代信息技术快速发展,通过智能化手段,重塑道路资源、运输资源和城市空间资源的分配模式,实现交通运输全局优化、系统协同与智能可控人性化的道路交通运输系统已成为必然趋势。道路交通智能化如图 10-14 所示。

图 10-14　道路交通智能化

(2) 协同化

道路交通领域充分运用新一代信息技术,在交通管理、运输、公众出行以及管控支撑交通建设管理全过程方面,具备在区域、城市甚至更大的时空范围拥有感知、互联、分析、预测、控制等能力,尤其是无人驾驶技术的出现,将实现道路交通管理者与使用者之间的协同共治、共建、共享。不断推进道路交通管理能力现代化,可实现高效率、高安全的绿色交通目标。道路交通协同化如图 10-15 所示。

下篇/10 交通运输领域未来发展模式（2021—2035年）

图 10-15　道路交通协同化

（3）信息化

道路交通管理信息化是全面提升运输效率、缓解道路紧张局面的有效手段，是道路交通管理发展的必然趋势，也是实现道路交通管理智能化、协同化的基础条件之一，是实现道路交通现代化的前提和重要支撑。在道路交通信息化管理过程中，充分利用新一代信息化技术，建设道路交通信息化系统及使用机制，为交通规划建设与管理提供可信依据；面向社会提供及时、准确、动态的交通信息服务，为道路交通管理思维智能化、协同化发展创造条件。道路交通管理信息化如图 10-16 所示。

图 10-16　道路交通管理信息化

（4）绿色化

道路交通从单一交通运输系统，逐渐融入生活社区，对道路交通的要求不仅仅是承载行人和车辆的通道，更是人与自然和谐、舒适的环境。新能源与新材料技术势必催生建设与生态环境协调、与自然环境友好、与社会环境互动的道路交通系统的需求，促进道路设计全息化、建造施工低碳化、运营自主化、养护维修循环化、交通服务生态化进一步发展,推动集约高效、低碳环保、布局科学的道路交通体系的形成。道路交通绿色化如图 10-17 所示。

图 10-17　道路交通绿色化

10.2.3　航空运输领域

随着我国综合实力的提升,我国航空综合实力也大幅提升,现已形成全球领先的航空公司、辐射力强的国际航空枢纽、一流的航空服务体系、发达的通用航空体系、现代化空中交通管理体系、完备的安全保障体系和高效的民航治理体系,有力支撑了我国基本实现社会主义现代化。随着新一代信息技术、新材料技术和新能源技术的发展,航空运输领域将向交通管理数字化、精准化和智能化方向发展。

(1) 数字化

未来的民航通信领域将会是一种基于完全 4D 航迹管理、"以网络为中心"的业务,其中数据链(基于航空通信网基准 2)取代语音被用作主要通信方式。在这种以数据为中心的系统中,语音将只用于特殊/紧急情况。完全空对地全系统信息管理服务将用于支持高级决策和缓解措施。全系统信息管理让航空器能够参与协作性空中交通管理进程,并提供获取包括气象学在内大量动态数据的机会。应用相同的技术,还可向公司和旅客提供商业化的信息服务。

(2) 精准化

未来的导航领域在全球导航卫星系统的支持下,协调基于地区导航和基于性能导航的全球导航能力,所有航空器都将配备全球导航卫星系统,将具备多频和多卫星群航空电子能力。当前全球导航卫星系统有极高的可用性,但它对很多脆弱环节还没有合适的应对能力,最突出的是无线电频率干扰和引起电离层扰动的太阳活动。在就该问题找到解决办法前，仍必须提供适当规模的陆上导航基础设施，用来维持航空器运行安全和连续性。

未来的监视领域，综合监视技术将占主导地位，航路航线、终端（进近）和机场塔台全部使用以 ADS-B 为主的合作监视技术作为空中交通主要监视手段，构建完善的 ADS-B 运行保障与信息服务体系。同时基于空事卫星的星基 ADS-B 业务将逐步取代现有的陆基 ADS-B，以提供更加全面的飞行监视。航空交通精准化如图 10-18 所示。

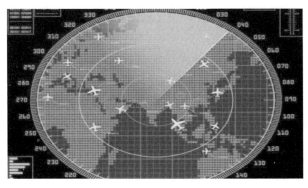

图 10-18　航空交通精准化

（3）智能化

未来的空中交通管理系统将实现 SWIM（System Wide Information Management）的全面部署，将让包括航空器在内的所有参与者能够获得各种信息，如完全 4D 航迹共享的业务服务。同时，到 2035 年，将完全实现基于航迹的运行，实现航班飞行全程"可见、可控、可达"。

10.2.4　水路交通领域

目前，我国等级航道里程位居世界内河之首，港口万吨级泊位数量与货物吞吐量均居世界第一。但在相关技术应用创新方面，我国仍需加速发展。其中，港口在货物集装箱联运技术、物流信息化技术以及部分主流船舶产品在环保、智能化等方面仍有一定差距。在建设交通强国的背景下，未来水上交通领域的模式主要朝着智能化、绿色化、安全保障、协同化四方面融合发展。

（1）智能化

随着新一代信息技术、物联网技术、自动化技术的发展，基础设施运营相关业务将和管理深度融合,实现基础设施资源优化配置、智能监管、智能服务、自动装卸和物流集疏运一体化,将进一步使我国未来航运系统向智能化发展。2019年5月七部委联合发布的《智能航运发展指导意见》明确了我国智能航运发展的四大战略目标和十大任务,明确要加快推动智能船舶、智能港口、智能航运监管、智能航运服务和智能航保五方面发展。此外,随着国家进一步加大对新型基础设施建设的支持力度,未来我国航运系统将加快与5G、北斗卫星导航、物联网、人工智能等技术的融合建设,加快水运大数据中心建设,加大重点港区、航道以及深远海的新型通信网络覆盖,从而提高港口自动化作业效率,强化船-岸、船-船通信能力,提升航运监管服务水平。同时,推动船舶雷达、AIS、光学等多源感知技术的应用,促进船舶从少人化、智能化向无人化、自主化演进。

(2) 绿色化

《交通强国建设纲要》提出了交通运输系统要强化节能减排和污染防治,我国未来航运环境将进一步向绿色化发展。随着国际海事组织(IMO)"限硫令"的正式实施,船舶新能源技术创新需求迫切。能源结构调整催生了船舶电动化这一战略性新兴产业,也使得船舶能源与动力呈现多元化的技术发展趋势。

目前,国际航行船舶使用液化天然气(LNG)燃料的比例加速增长,未来将不断优化LNG的岸基加注布局,推动水上加注和船对船加注技术进步。同时,国内外关于燃料电池、风能发电、电动水翼以及港口岸电等技术的应用研究也不断创新,为船舶动力绿色化和港口作业绿色化带来了更多可能,也将加快推动航运系统智能化与绿色化的融合。此外,在基础设施方面加快推进危险品锚地建设,加强重点水域溢油和尾气排放监测预警系统的建设,从而提升防污染监管能力水平。船舶和航运的智能化进程逐步加速,这一过程对系统的集成创新提出了较高要求,结合日益严苛的海事环保法规要求,船舶工业发展智能化、绿色化技术成为发展的必由之路。水路交通绿色化与智能化如图10-19所示。

(3) 安全保障

经过"十三五"期的建设,我国已初步建成了全方位覆盖、全天候运行、快速反应、有效救助的水上安全监管与应急救助体系。未来我国将进一步推动北斗卫星导航、5G、人工智能等新技术与VTS(Vessel Traffic Service)、AIS、CCTV(Closed-Circuit Television)等传统监管手段的结合,构建"天空岸海潜"多维立体的水上交通运输安全保障体系。同时,船舶的综合自动化将进一步推动无人机、无人船在日常巡航和应急救援中的应用,将不断加强复杂场景下的安全态势感知和风险识别防控等技术研究,会呈现出模块化和集成化的发展趋势,精确传感和网络化控制将成为船舶控制系统的核心,整体提升安全监管基础设施、装备、服务的综合水平,为交通强国建设提供有力保障。

图 10-19　水路交通绿色化与智能化

(4)协同化

目前,我国铁水联运、江海直达等先进的运输组织快速发展,江海运输量达到 17 亿吨、集装箱铁水联运量达 20.2 万标箱。随着大数据和区块链技术的逐步成熟及行业推广应用,未来多种运输方式综合化、协同化的趋势将越发明显。在"货运重载"背景下,铁水联合的大型物流集疏系统将进一步加快建设;而海空联运的"经济+快捷"融合模式也将得到推广。此外,高速节能渡船技术的发展,为"客运高速"背景下的公水联运提供了新的思路。水路运输协同化如图 10-20 所示。

图 10-20　水路运输协同化

11 交通运输模式驱动的前沿和热点技术预测

通过对轨道交通、道路交通、航空运输、水路交通领域的前沿和热点技术的总结与分析,考虑到未来交通运输领域将朝着信息化、协同化、智能化、绿色化方向发展,本章将对2021—2035年交通运输模式驱动的前沿和热点技术进行预测分析,可为未来交通运输领域科技创新布局提供重要依据。

11.1 交通运输各领域关键前沿和热点技术演进路线预测

11.1.1 轨道交通领域

从载运装备、基础设施、服务与管理3个方面看,轨道交通关键前沿和热点技术的演进变化趋势主要分为3个阶段,如图11-1所示。第一阶段(2021—2025年),关键前沿和热点技术为重载高速货运列车技术、低地板有轨电车技术、低成本高耐用车体复合材料技术等;第二阶段(2025—2030年),关键前沿和热点技术为空中轨道列车技术、真空管道运输技术、钙钛矿太阳能电池技术等;第三阶段(2030—2035年),关键前沿和热点技术为空地两栖交通技术、虚拟轨道技术、新型动力的列车驱动技术等。

11.1.2 道路交通领域

从载运装备、基础设施、服务与管理3个方面看,道路交通关键前沿和热点技术的演进变化趋势主要分为3个阶段,如图11-2所示。第一阶段(2021—2025年),关键前沿和热点技术为纯电动汽车动力电池与电池管理技术、燃料电池汽车动力系统技术、智能汽车轨迹规划技术等;第二阶段(2025—2030年),关键前沿和热点技术为智能汽车多源信息融合感知技术、车车/车路协同感知技术、道路和桥梁建造新型材料技术等；第三阶段（2030—2035年），关键前沿和热点技术为智能汽车高等级自动驾驶决策技术、智能脑机交互技术、基于人工智能的交通设施建设监测技术等。

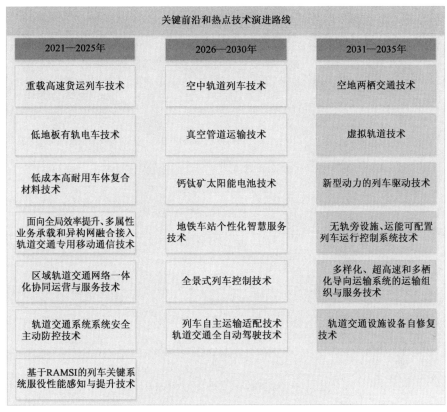

图11-1 轨道交通领域关键前沿和热点技术演进路线图

11.1.3 航空运输领域

从载运装备、基础设施、服务与管理3个方面看，航空运输关键前沿和热点技术的演进变化趋势主要分为3个阶段，如图11-3所示。第一阶段（2021—2025年），关键前沿和热点技术为高强度材料及大部件3D打印技术，基于5G通信的航空制造智能工厂，下一代抗干扰、高精度定位导航及授时技术等；第二阶段（2025—2030年），关键前沿和热点技术为新型太阳能高空长航时技术、锂空气电池技术、超材料制造技术等；第三阶段（2030—2035年），关键前沿和热点技术为亚轨道飞行器的设计制造和运行控制技术、离子推进技术、多用途飞行汽车设计技术等。

图 11-2　道路交通领域关键前沿和热点技术演进路线图

11.1.4　水路交通领域

从载运装备、基础设施、服务与管理 3 个方面看,水路交通关键前沿和热点技术的演进变化趋势主要分为 3 个阶段,如图 11-4 所示。第一阶段(2021—2025 年),关键前沿和热点技术为船用耐低温材料技术、大型邮轮设计制造技术、混合动力系统协同设计技术等;第二阶段(2025—2030 年),关键前沿和热点技术为船体线形智能设计与优化技术、绿色船舶设计及优化技术、基于人工智能的无人船自主航行技术;第三阶段(2030—2035 年),关键前沿和热点技术为船舶生物柴油利用技术、超导磁流体推进技术、船舶综合智能管控技术等。

图 11-3 航空运输领域关键前沿和热点技术演进路线图

关键前沿和热点技术演进路线		
2021—2025年	2026—2030年	2031—2035年
高强度材料及大部件3D打印技术	新型太阳能高空长航时技术	亚轨道飞行器的设计制造和运行控制技术
基于5G通信的航空制造智能工厂	锂空气电池技术	离子推进技术
下一代抗干扰、高精度定位导航及授时技术	超材料制造技术	多用途飞行汽车设计技术
超大复杂基础工程高效精细化施工技术	超音速客机设计集成技术	可感知、可变形、功能性智能机翼技术
机场与空管一体化协同运行技术	航空飞行全阶段宽带通信技术	全四维航迹运行技术
基于异构网络的空中交通环境监视与态势共享技术	无人机物流运输控制与管理技术	无人机超视距飞行技术

图 11-3 航空运输领域关键前沿和热点技术演进路线图

图 11-4 水路交通领域关键前沿和热点技术演进路线图

关键前沿和热点技术演进路线		
2021—2025年	2026—2030年	2031—2035年
船用耐低温材料技术	船体线形智能设计与优化技术	船舶生物柴油利用技术
大型邮轮设计制造技术	绿色船舶设计及优化技术	超导磁流体推进技术
混合动力系统协同设计技术	基于人工智能的无人船自主航行技术	船舶综合智能管控技术
综合监测-评估-决策的船舶生命周期辅助决策技术	人-船-岸-环境-货物互联的船舶物联网技术	基于区块链的航运物流资源整合技术
自动化无人堆场系统与自动化装卸技术	基于大数据的航运物流供需能力匹配与规划技术	船舶智能机舱技术
基于大数据的综合航道控制系统技术	无人船水上交通安全智能风险管控技术	智能船舶泛在感知与边缘计算技术
船联网与水运大数据技术		

图 11-4 水路交通领域关键前沿和热点技术演进路线图

11.2 交通运输模式驱动的关键前沿和热点技术

根据轨道交通、道路交通、航空运输以及水路交通领域关键前沿和热点技术，本节将总结交通运输模式驱动的关键前沿和热点技术，全面落实创新、协同、绿色、智能、安全的发展理念，以科技创新引领交通运输全面创新，深入推动交通运输模式新转变，促进交通运输领域全面健康发展。

11.2.1 高精准定位技术

随着卫星定位技术的快速发展，尤其是中国北斗卫星导航系统星座部署全面完成，能够为全球用户提供全天候、全天时、高精度的定位、导航和授时服务，全球范围内定位精度优于 5m，广泛应用于位置服务等场景。交通运输领域对快速高精度位置信息的需求日益迫切，以轨道交通为例，借助卫星技术进行列车定位，可以减少轨旁设备，以较低成本实现互操作性和安全性，且能够对现有定位手段进行补充，甚至替代现有设备，尤其是卫星技术结合其他传感器技术实现信息融合，能以更低的成本实现更可靠的解决方案。

不仅如此，在其他交通运输领域可以通过卫星遥感、温湿度自感应、力学性能传感以及无人化巡航监测技术等，实现道路、航道服役过程中全时域响应特征的识别和基础数据累积。基于北斗卫星系统的高精度车辆、列车、船舶定位规模应用，实现覆盖主要路网、航道的厘米级高精度地图和定位导航服务，推动了从陆基导航向星基导航过渡，形成以全球卫星导航系统为主用导航源、陆基导航设施为备份导航源的导航系统构架。高精准定位技术如图 11-5 所示。

当前广泛发展的交通运输系统定位技术已呈现一定的信息多元化、系统综合化发展趋势，越来越多的传感器及技术资源被引入载运装备定位系统，采用多传感器组合融合是一种切合实际应用需求的系统模式，在此种情况下，高精准定位技术的引入十分必要。可以预见，未来交通运输系统定位应用必将是一种基于卫星导航系统与其他定位测量方式组合融合的技术趋势，定位系统的精确性、可靠性、连续性、可用性、完好性等性能必将达到一种质的飞跃，而基于高精准技术的移动装备、基础设施安全定位也将迎来广阔的应用前景。

下篇/11 交通运输模式驱动的前沿和热点技术预测

图 11-5 高精准定位技术

11.2.2 智能交通物联网技术

物联网技术起源于传媒领域,是信息科技产业的第三次革命。物联网是指通过信息传感设备,按约定的协议将物体与网络相连接,物体通过信息传播媒介进行信息交换和通信,以实现智能化识别、定位、跟踪、监管等功能。物联网技术是可以嵌入到物理设备中,或由多个通过网络交联的嵌入式计算设备组成。智能交通物联网技术如图 11-6 所示。

图 11-6 智能交通物联网技术

在交通运输领域，应用物联网技术会加速智能交通的建设进程，强化交通运输系统协调管控能力。在交通视频监控与采集方面，是将视频图像和模式识别相结合并应用于交通运输领域的新型采集技术。视频检测系统将视频采集设备采集到的连续模拟图像转换成离散的数字图像后，经系统分析处理得到车辆牌号码、车型等信息，进而计算出交通流量、车速、车头时距、占有率等交通参数。在专用短程通信技术方面，为载运装备与交通运输基础设施间通信而设计的一种专用无线通信技术，是针对固定于车道或路侧单元与装载于载运装备上的机载单元（电子标签）间通信接口的规范。在位置感知技术方面，基于卫星通信定位技术利用绕地球运行的卫星发射基准信号，通过三角测量的方法确定当前位置的经纬度；在射频识别技术方面，通过射频信号自动识别目标对象并获取相关数据，识别工作无须人工干预，可工作于各种恶劣环境，识别高速运动物体并可同时识别多个标签，操作快捷方便。

未来载运装备借助多种远距、近距先进通信技术，通过智能化基础设施构建完备的泛在物联网络体系，实现和城市物联网的全时互联，从而支撑无人驾驶等技术能够应用到城市、城际交通中。此外，物联网能够让不同交通运输系统的智能载运装备之间能互联互通、智能协同、协调组织，从而形成安全、高效、舒适、便捷、绿色的智慧出行智能接驳体系，并将建立起空地水一体的新型立体智能交通运输系统。

11.2.3 多栖无人驾驶技术

未来无人载运装备发展的重点将会集中在突破智能陆空两栖无人驾驶汽车。它是一个集无人驾驶与无人飞行功能于一体的综合载运装备，是典型的高技术集成。该综合体将智能无人驾驶汽车与无人飞行平台融为一体，能够长时间独立执行地面任务；也具备空中飞行能力，执行空中飞行任务；并可自由切换飞行、地面运动模式，完成协同工作。这类无人系统中的每个智能体均强调的是低空、低速性能，以及具备垂直起降和悬停的功能；各个智能综合体之间还可以实现协同侦察、协同跟踪与碰撞预警等任务，构成多机集群系统。由于环境状况的复杂性、环境信息的多边性、任务的多样性，以及同时满足地面行驶与空中飞行的设计要求，智能无人驾驶陆空两栖飞行汽车的设计十分具有挑战性。除了需要统一装备的通信终端系统，还需要有强大计算能力的计算机和先进的算法，让多个飞行器避免碰撞。未来的无人驾驶陆空两栖飞行汽车必然是由现代通信技术、计算机网络技术、行业技术、智能控制技术等汇集而成,并逐步向智能化、多任务化发展。多栖化无人驾驶技术如图11-7所示。

图 11-7 多栖化无人驾驶技术

多栖无人驾驶技术涉及的关键技术包括:基于多传感器数据融合的环境感知系统设计;无人载运装备的导航定位技术;根据环境状况信息进行任务决策和融合,进行无人载运装备的行驶或飞行轨迹规划以及无人载运装备的动作部署,寻找最优决策的智能决策系统设计;在未知路况条件下的高速、高精度轨迹跟踪自适应控制;城市等复杂综合环境下无人载运装备的运动控制;无人载运装备运动过程中的障碍物检测、预测和避撞技术;对外界障碍物的速度和轨迹估计、障碍物的分类和聚类、基于图像处理技术的车道识别或者路标识别等;地面和空中两种工作模态的转换技术。未来可应用在解决城市交通拥堵问题、增强地面应急调度避障与突围能力、货物快速运输等方面。

11.2.4 高可信、高速移动通信技术

随着人们对通信网络的需求不断增长,以及移动互联网和物联网的飞速发展,越来越多智能设备出现,在虚拟现实、增强现实、超高清视频、智能穿戴、智能家居、智能抄表、智能交通、无人驾驶等各个领域都会产生极大的通信需求。以往的4G通信网络已无法满足这些需求,所以具有高可信、高速移动的5G通信技术应运而生。

5G网络的主要优势在于,数据传输速率远远高于以前的蜂窝网络,最高可达10Gbit/s,比当前的有线互联网要快,比先前的 4G LTE(TD-LTE 和 FDD-LTE 等

LTE 网络制式的统称)蜂窝网络快 100 倍;另一个优势是网络延迟低(更快的响应时间),低于 1ms。由于数据传输更快,5G 网络将不仅仅为手机提供服务,而且还将成为交通运输领域的主要驱动技术。高可信、高速移动通信技术如图 11-8 所示。

图 11-8　高可信、高速移动通信技术

考虑到第五代移动通信技术的发展以及优势,在交通运输领域中 5G 技术具备较高的场景运行能力,能够满足高速行驶的载运装备控制系统的需求,在实现运行状态参数进行高效传递的同时,能够有效保障实际运行的安全可靠。此外,5G 技术能够有效实现局域网内部的数据沟通,从而在确保可靠性能级的同时降低场景的延迟,优化实际的通信效果。而且 5G 技术能够满足较大规模的通信设备同时进网的需求,能够扩大通信所涉及的范围,帮助众多交通参与者同时进行网络交流,为我国未来构建"智能交通物联网"夯实基础。5G 技术能够在保证信息传输准确性的同时,为通信网络的使用者提供更加自由、开放的互联网场景构建,从而确保后续网络安全,同时增加其应用过程中的高度互动。相对于传统的通信技术来说,5G 技术不仅具备了更高的传输速率,还能为使用者们提供更大容量的信息资源,增加了网络资源的使用效率,为未来实现移动网络的发展打下了基础。

11.3　跨领域变革性技术

未来 15 年,我国交通运输领域以推动交通运输跨领域变革性发展,进一步深入交通运输领域基础技术研究及交叉领域技术研究,不断加强技术应用,建成安全便捷、经济高效、绿色智慧、开放融合的现代化综合交通运输体系。因此,交通运输跨领域变革性技术将成为未来交通运输科技发展的核心推动力。

11.3.1 清洁能源技术

交通运输行业节能减排是治理环境污染的主要手段之一。鉴于交通运输能源的清洁化成为目前亟待解决的问题,未来关于交通运输清洁能源的发展与应用将成为重中之重。交通运输能源的清洁化,是缓解目前诸多环境问题的重要手段,也是新时期我国加强污染防治与环境保护,促进经济转型的必经之路。清洁能源技术如图 11-9 所示。

图 11-9　清洁能源技术

交通运输清洁能源是指通过采用各类技术,有效降低载运装备、基础设施建造的能源消耗和尾气中有害物质的排放,减轻对环境的影响。未来载运装备以及基础设施将通过 LNG、蓄电池、燃料电池、可再生能源、核能等在内的绿色清洁能源制氢,来供给交通运输系统能量,实现运行过程的零排放。

面向电气化载运装备和基础设施的供能需求,使包括自赋能路面集能、路域空间新能源、核能等在内的未来基础设施多元化能源形式有效集成融合,实现基础设施传感设施、照明用电设备以及电气化载运装备的能源供给。同时,在能源传输形式上通过就地利用、无线传输等实现能源综合化、高效化利用。

11.3.2 轻量化超材料技术

交通运输行业面临新的机遇与挑战,交通运输设备的轻量化在我国整个制造业的升级中占有重要地位。轨道交通运输等多种交通运输方式的迅速发展，也带来了环境污染、能源消耗等问题。因此，交通运输设备轻量化对于载运装备减重、提速、降噪、降低能源消耗具有特别重要的现实意义，急需新材料和新工艺的技术支撑。轻量化超材料技术如图11-10所示。

图11-10 轻量化超材料技术

超材料具备比强度高、比模量高的特点，是产品实现轻量化的一种非常重要的途径。同时，超材料可以通过采用不同的组合方式，实现不同的功能特性，亦可实现结构-功能一体化，是运输装备、基础设施的交通运输领域新材料发展方向的重要组成部分。随着超材料技术的逐渐投入使用，交通运输装备运行时的振动与噪声显著降低，优化乘客的乘坐体验，同时降低载运装备在城市内部穿行时对居民的噪声影响。通过优化设计的金属复合材料、填充材料等，综合利用高阻尼材料减轻机体的自重，降低运行过程中的能耗。此外，未来随着新概念材料的兴起，例如超材料与自修复材料的成熟与应用，在载运装备的全生命周期内交通运输装备将实现终身免维护，从而降低管理部门的维修成本。采用可修复及可回收材料技术，可对需要报废的载运装备、部件进行无害化回收处理。

除此之外，在基础设施维护方面选择成型快、性能优的养护材料，在不妨碍交通运输的条件下实现交通运输基础设施的就地精准养护。通过新材料、新工艺的开发利用，使工、农、矿、生活垃圾等社会废旧资源，以及基础设施工程养护、改建等过程中产生的废旧材料在建设中得到完全再生利用。在实现"有限资源无限循环使用"的同时，确保基于再生材料的基础设施工程实体具备良好的结构安全性、功能可靠性以及使用耐久性。

11.3.3 无人化智能管控技术

当今交通运输领域正处于新一轮科技革命与产业变革中,以无人技术、人工智能技术、空间技术、互联网技术的深入融合应用为代表,集中产生了具有颠覆性作用的交通运输领域交叉技术。其中,无人化智能管控技术呈现出井喷式发展势头,将推动交通运输管控进入智能化、网络化、无人化的全新阶段。无人化智能管控技术如图 11-11 所示。

图 11-11　无人化智能管控技术

在自动化港口、机场、车站等无人化交通运输管控技术中,采用分布式导航技术、图像识别、车-路协同和智能驾驶等技术,可实现交通的自动运行。载运装备在分布式导航引导下,自主控制速度、制动、转角等,抵达目标地后通过远程控制实现作业。

无人化智能管控技术目前已经在部分场景下得以实现,例如洋山港自动化码头。目前,制约其大面积应用的主要问题是对系统基础设施要求较高,例如目前主要采用预埋设道钉的分布式导航方式,实现车辆的自动运行。未来在载运装备自动驾驶技术、导航技术、感知技术以及车辆编组技术取得突破的前提下,无人化智能管控技术将得到推广。

12 交通运输领域科技创新方向和重点任务布局建议

12.1 交通运输领域科技创新总体目标建议

综合交通运输发展规划是全面推进交通强国建设、推动交通运输高质量发展、贯彻落实中央完善规划体系与加强规划衔接要求的新起点。

建议未来交通运输领域科技创新总体目标是：交通运输发展应更加注重质量效益提升，多模式交通一体化融合发展；进一步深入交通运输领域基础技术研究及交叉领域技术研究，不断加强技术应用，努力输出一批具有世界领跑水平的交通运输领域关键技术群；着力打造现代化交通运输，全面建成安全便捷、经济高效、绿色智慧、开放融合的现代化综合交通运输体系；最终实现交通运输科技实力大幅跃升，创新体系更为完善，创新生态更加优化，创新能力与水平进入世界领先行列。

在**移动装备**方面：①**实现技术标准化与工程化**。实现具有引领国际的交通运输装备研发、标准制定、技术转移与服务、平台搭建与移植的科技创新能力，形成完善的工程化技术和标准规范体系；轻量化、智能化、绿色化、超高速、多栖化交通运输载运装备技术取得重大突破；智能化、谱系化和可配置化工程装备技术实现规模应用。②**研发新一代载运装备的核心技术**。突破汽车、民用飞行器、船舶等装备的高效率、大推力/大功率发动机装备关键技术的研发；突破3万吨级重载列车、速度250km/h级高速轮轨货运列车、智能网联汽车（智能汽车、自动驾驶、车路协同）技术的研发。突破自主设计建造大中型邮轮、大型液化天然气船、极地航行船舶、智能船舶、新能源船舶等技术的研发。完善民用飞机产品谱系，在大型民用飞机、重型直升机、通用航空器等方面取得显著进展。加速淘汰落后技术和高耗能低能效交通运输装备。③**技术储备研发**。合理统筹安排速度600km/h级高速磁悬浮系统、速度400km/h级高速轮轨（含可变轨距）客运列车系统、低真空管（隧）道高速列车等体系化核心技术储备研发。

在**基础设施**方面：①**进一步提升基础设施建造的智能化与绿色化**。完成主要建（构）筑物的基础理论、设计方法及自主软件开发；基于人工智能和空天地一体化的勘察、测绘、选线等技术和装备研发；全生命周期的智能建造技术及智能化建造与装备水平进一步提升；艰险山区及海峡环境桥梁、隧道建造技术取得新突破；高性能、复合新材料在基础设施得到广泛应用；基础设施具备在复杂地质、环境条件下性能保持能力；基础设施绿色、节能环保技术水平取得显著进步。②**建设高质量综合立体交通运输网络体系**。统筹铁路、公路、水路、民航、管道、邮政等基础设施规划建设，以多中心、网络化为主形态，完善多层次网络布局，优化存量资源配置，实现立体互联；推进东北地区提质改造，推动中部地区大通道大枢纽建设，形成区域交通运输协调发展新格局。③**建设城市群一体化交通运输网体系**。推进干线铁路、城际铁路、市域（郊）铁路、城市轨道交通融合发展，完善城市群快速公路网络，加强公路与城市道路衔接；提高道路通达性，完善城市步行和非机动车交通系统，提升步行、自行车等出行品质，完善无障碍设施；进一步加强充电、加氢、加气和公交站点等设施建设。④**构筑多层级一体化综合交通运输枢纽体系**。依托京津冀、长三角、粤港澳大湾区等世界级城市群，打造具有一定全球竞争力的国际海港枢纽、航空枢纽和邮政快递核心枢纽，建设一批全国性、区域性交通运输枢纽，推进综合交通运输枢纽一体化规划建设，大力发展枢纽经济。

在**交通运营管理与服务**方面：①**在指挥与控制方面**。实现基于全无人自动驾驶、卫星定位的下一代交通运输运行控制系统的广泛应用；综合立体交通运输智能调度指挥和协同控制工程得到示范应用，远程化、沉浸式、无人化调度指挥和控制一体化技术实现工程化应用；以中国国际化标准体系为支撑的轨道交通运输指挥与控制系统的研发、设计、交付和运维能力基本形成。②**在新能源开发方面**。智能化、绿色化、网络化、弹性化的交通运输能源互联网技术、装备和标准体系基本形成；超高速、多栖化导向运输系统能源供给技术和装备配套能力达到世界先进水平。③**在运输服务方面**。透明化、智能化和沉浸式交通运输组织和服务一体化技术取得显著进展；适应多样化、超高速和多栖化导向运输系统的运输组织与服务技术工程化取得显著进展；支持全国路网和区域交通运输各模式无缝衔接、铁路与其他运输方式联程化货运服务技术和配套系统设备交付能力达到国际领先水平。

④**在系统安全保障方面**。交通事故年均死亡人数和死亡率显著下降,消灭较大及较大以上责任事故;全面实现交通运输安全保障的全息化、网联化和智能化,构建起基于智能科技和以主动预防为核心的交通运输系统安全保障技术体系,交通运输装备和系统的安全性、可靠性、可用性及弹性达到国际一流水平。

12.2 交通运输各领域科技创新方向建议

为实现科技创新发展目标,根据交通强国建设纲要总体部署,分别从轨道交通运输、道路交通运输、航空运输以及水路交通运输 4 个交通运输领域给出未来科技创新方向的建议。

12.2.1 轨道交通领域

立足高效交通、便捷交通、绿色交通,以持续提升轨道交通安全可靠为目标,以经济适用为基础,加快新能源、新技术、新结构、新工艺、信息化、智能化等新技术研究开发与推广应用,不断提升轨道交通综合性能。依托跨行业全链条、协同创新,突破制约轨道交通发展的关键核心技术瓶颈和综合性能提升的屏障,以及"大交通"关键问题,不断推进运输能力与系统性能持续提升、轨交网延展、大交通融合。

在充分吸收已有科技创新成果的基础上,应更进一步积极吸收智能化、新能源、新材料、新模式、新工艺等新兴技术,重点研究轨道交通载运装备的智能化、绿色化、谱系化和新能源、新材料技术,研发适应我国和全球市场多样化需求、具有优良本构性能及环境友好型的轨道交通谱系化载运技术和系统装备。研发轨道交通线路勘测选设一体协同化技术,极复杂自然环境下铁路建设运营技术。研发无人化列车运行控制与动态智能调度指挥一体化技术,智能化运输服务、安全保障、应急处置技术与装备体系。

12.2.2 道路交通领域

以"智能化、信息化、数字化、资源化和绿色化"为导向,推动道路交通与人工智能、大数据、云计算、信息通信、物联网、新能源、VR/AR、无人测控等技术深度融合,突破制约智能道路交通发展的基础理论、材料工艺、信息科技、装备制造等关键技术。重点研究开发公路基础设施数字化技术和智慧公路设计、建设、运维、运行及测试等核心关键技术,智慧公路与自动驾驶车辆协同技术与装备体系。研发绿色道路建造管养、高能效与近零排放运载技术与装备体系,研发复杂自然环境下超大型设施建造运营成套技术以及满足国际陆路大通道建设需求的设计、建造、运营与养护管理技术。

12.2.3 航空运输领域

以"智能化、精准化、高远化"为导向,立足"安全、绿色、高效"的民用飞机产品研发制造技术和民航运营管理体系建设,在民用飞机产品研发制造技术方面,重点提升国产飞机和发动机技术水平,加强民用航空器、发动机研发制造和适航审定体系建设,在大型民用飞机、重型直升机、通用航空器等方面取得显著进展,研发高效绿色超声速客机与超长航程新一代大型洲际客机及自主适航审定技术,研发面向装备的新材料技术、基于新能源的航空动力新技术、新制造技术。在民航运营管理体系建设方面,重点研究开发空地全阶段数字化、空中交通四维全域协同与自主运行的人工智能与新控制技术、异类航空器融合运行、航班智能化运行等民航运输系统新信息技术,研发空天地信息一体化民航空事、空管信息服务与应急处置关键技术和系统装备。

12.2.4 水路交通领域

以"智能化、绿色化、自主化"为导向,立足"安全、自主、协同"的智能载运工具、数字交通基础设施和智慧运营组织技术领域研究,重点突破一大批制约智能航运发展的关键技术,研究大型高技术通用及特种船舶设计制造运营技术和装备体系,研发基于船岸和空岸船协同的船舶运行环境与状态感知和融合技术,复杂场景下智能船舶运营风险评估预警、应急处置与管理技术。研究开发船舶自主航行、货物状态监控与优化配载、船体及设备系统全生命周期服役性能保持等技术与系统、自主式水运系统构建技术,成为全球智能航运发展创新中心,具备国际领先的成套技术集成能力,初步构建智能航运法规与技术标准体系框架,形成以高度自动化和部分智能化为特征的航运新业态,明显提升航运服务、安全、环保水平与经济性。

12.3 交通运输领域科技创新重点任务建议

通过对交通运输科技领域前沿和热点技术的综合分析,建议交通运输领域科技创新围绕绿色化、轻量化、信息化、智能化系统开展工作。根据《交通强国建设纲要》中国家创新驱动发展战略总体部署,为实现交通科技创新发展目标,聚焦载运装备、基础设施、服务与管理3个方面,建议各交通运输领域开展有针对性的科技创新重点任务建设,具体建议如下。

12.3.1 轨道交通领域

建议轨道交通领域科技创新重点任务主要包括:
1) 载运装备
(1) 速度400km/h高速铁路综合关键技术。
(2) 600km/h级高速磁悬浮交通运输系统与配套服务工程化技术。
(3) 轨距自适应装备成套技术。
(4) 新一代高效驱动与制动系统、列车智能运行控制系统关键技术。
(5) 具备全系列、全环境、全系统、场景可配置的轨道交通综合试验、测试、评估体系化技术。
(6) 非接触连续供电装备关键技术。
(7) 速度250km/h及以上货运列车成套技术。
(8) 新材料的轻量化车体技术。
(9) 大功率电子变压器技术。
(10) 永磁电机及其牵引控制技术。
(11) 节能变压器技术。
(12) 智能运载工具专用芯片与操作系统技术。
(13) 大容量的无线通信和更加准确的移动闭塞技术。
2) 基础设施
(1) 400km/h高速铁路基础设施关键技术。
(2) 大轴重重载货运铁路基础设施关键技术。
(3) 新型轨道交通基础设施成套技术。

(4) 600km/h 高速磁悬浮交通基础设施关键技术。

(5) 复杂艰险山区及跨海峡的长大桥梁、隧道建造技术。

(6) 基于智能科技和空天地信息一体化等技术的勘察、测绘、选线技术和装备。

(7) 铁路建(构)筑物(桥、隧、路基、轨道)基础理论研究与软件开发。

(8) 智能化的铁路基础设施全生命周期建养管一体化技术。

(9) 机械化、工厂化(含装配化)、绿色化与智能化建造技术。

(10) 综合交通枢纽一体化技术。

(11) 基础设施灾害防治及能力保持技术。

(12) 高性能、复合新材料在基础设施中的应用技术。

(13) 基础设施建养管全过程绿色化、环境友好技术。

(14) 高速铁路线路与大型客运枢纽关键结构精准检测与状态修技术。

(15) 既有铁路的技术改造与升级技术。

(16) 基于空天地一体化的综合地质勘察关键技术和灾害评估技术。

(17) 轨道交通基础设施数字化技术。

(18) 高海拔复杂艰险山区土木建造与能力保持关键技术。

(19) 新型交通基础设施材料。

3) 服务与管理

(1) 智能化行车指挥技术与系统装备研发。

(2) 无轨旁设施、运能可配置列车运行控制系统技术。

(3) 载运装备运用和高效运维保障技术。

(4) 轨道交通指挥与控制系统的国际标准化技术体系和工程化集成应用技术。

(5) 综合交通网络一体化协同运营服务与安全防控技术。

(6) 轨道交通高效物流化货运服务技术。

(7) 综合交通网络长距离陆路通道高效能运输组织服务联运技术。

(8) 新一代轨道交通系统安全保障主动防控关键技术。

(9) 下一代铁路信息通信(ICT)网络技术。

(10) 智能铁路融合泛在通信网关键技术。

(11) 区域多栖化运输系统衔接与融合关键技术。

(12) 轨道交通车辆全生命周期管理优化与控制技术。

12.3.2 道路交通领域

道路交通领域科技创新重点任务主要包括：

1）载运装备

(1) 新能源电动汽车行驶状态下的无线充电技术。

(2) 高等级自动驾驶技术。

(3) ADAS(Advanced Driving Assistance System)系统核心关键技术。

(4) 激光雷达、毫米波雷达和超声波雷达技术。

(5) 智能车载终端关键技术。

(6) 新型高强耐久材料技术。

(7) 面向自动驾驶的基础设施数字化与状态感知关键技术。

(8) 特定场景下的车辆环境感知与高精准定位关键技术。

(9) 车辆自主/协同决策与控制技术。

(10) 新一代新能源汽车整车集成技术。

2）基础设施

(1) 道路交通基础设施数字化技术。

(2) 交通设施响应状态实时监测检测技术。

(3) 交通设施使用性能评价、养护决策、综合运营管理技术。

(4) 新型道路材料技术。

(5) 环保型路面技术。

(6) 道路模块化建养技术。

(7) 特重/极重交通条件下长寿命路面与长寿命磨耗层关键技术。

(8) 钢桥面经济耐久性铺装技术。

(9) 桥隧基础设施耐久性提升关键技术。

(10) 特殊地域下道路基础设施全寿命周期建养关键技术。

(11) 基于监测信息的高寒地区公路设施脆弱性监测、评估及预警技术。

(12) 覆盖公路设施的高寒环境下耐久性提升技术。

(13) 公路基础设施风险防控与功能保障技术。

(14) 基于施工机械集群-路-云端物联的智慧化施工技术。

(15) 长大桥隧运营安全风险预警与管控关键技术。

(16) 高海拔复杂艰险山区土木建造与能力保持关键技术。

(17) 新型交通基础设施材料。

3) 服务与管理

(1) 道路交通状态动态监测与管理技术。

(2) 基于道路交通空间平台的再生能源开发收集技术。

(3) 基于车联网 V2I(车辆对基础设施)/V2V(车辆对车辆)的车路/车车协同式辅助驾驶技术。

(4) 智能网联汽车感知、通信、控制关键核心技术。

(5) 新一代高速移动通信技术。

(6) 交通大数据信息共享技术。

(7) 动态导航与紧急救援技术。

(8) 智能网联汽车信息安全防护技术。

(9) 车路协同信息传输与组网技术。

(10) 大规模路网混合交通管控与服务技术。

(11) 道路交通安全感知与管控技术。

(12) 自动驾驶与车路协同云控平台技术。

12.3.3 航空运输领域

航空运输领域科技创新重点任务主要包括：

1) 载运装备

(1) 遥控驾驶航空器技术。

(2) 增材制造(3D 打印技术)技术。

(3) 变体飞机技术。

(4) 自适应发动机技术。

(5) 主动流动控制技术。

(6) 自主控制技术。

(7) 先进航空材料技术。

(8) 机载空管航电技术。

(9) 进近垂直航迹技术。

(10) 驾驶舱移动地图显示和滑行运行视觉技术。

(11)智能运载工具专用芯片与操作系统技术。

(12)新一代大型远程客机制造技术。

(13)智能运载装备信息/功能安全技术。

2)基础设施

(1)大型航空港综合交通枢纽管控技术。

(2)动态尾流紊流间隔优化技术。

(3)复杂环境下机场建设与安全运行技术。

(4)绿色低碳机场建造技术。

(5)机场场面监视技术。

(6)新型交通基础设施材料。

3)服务与管理

(1)地面管理与离场排序技术。

(2)机场场面活动引导与控制技术。

(3)数字空中交通管理信息技术。

(4)机场高效安检安防技术。

(5)航空飞行全阶段宽带通信技术。

(6)航空高精度导航网络技术。

(7)航空运行安全监视网技术。

(8)空管全阶段四维精细化管制技术。

(9)天空地一体化的协同空管运行技术。

(10)空管空地分布式自主运行控制技术。

(11)机场群终端区的超密度运行调控技术。

(12)无人机/有人机混合运行安全管控技术。

(13)城市无人机交通管理技术。

(14)航空五维数值气象精准预报技术。

(15)空管运行智脑技术。

12.3.4 水路交通领域

水路交通领域科技创新重点任务主要包括:

1)载运装备

(1)船舶自主航行技术。

(2)航行脑的设计与集成技术。

(3)极地航行船舶设计技术。

(4)大型邮轮设计制造技术。

(5)特种船舶制造技术。

(6)柔性控制发动机设计技术。

(7)清洁能源混合动力系统协同设计技术。

(8)超临界CO_2(二氧化碳)发电技术。

(9)岸基能源船舶驱动技术。

(10)分布式蓄电池电力推进技术。

(11)船舶综合直流组网设计技术。

(12)智能运载装备信息/功能安全技术。

2)基础设施

(1)智能港口装卸设备设计技术。

(2)智能物境感知技术。

(3)智能高效能量回收与利用技术。

(4)自动化码头智能柔性运输装备设计技术。

(5)300米级高坝通航及千吨级高升程水力驱动式升船机技术。

(6)启闭机设计及运行控制技术。

(7)内河生态航道建设关键技术。

(8)基于大数据分析的河流水环境质量实时诊断评估技术。

(9)巨型船闸及升船机建设与安全运行保障。

(10)离岸深水港建设技术。

(11)远海岛礁港口码头建设技术。

(12)超高水头船闸阀门防空化、省水船闸关键技术。

3)服务与管理

(1)航海与能源智能管理技术。

(2)极地环境环保与应急救援技术。

(3)机船一体智能化运行控制技术。

(4)水上交通要素智能感知和动态信息获取技术。

(5)基于船联网和大数据的水上交通多目标优化调度技术。

(6)智能航运业态下船舶故障和突发事件应急处置策略技术。

(7)巨型船闸船舶安全控制标准及船闸安全监测与在线诊断技术。

(8)多线大型船闸群智能调度与管理及过闸船舶安全监管关键技术。

(9)船舶尾气防控监控评估与处置技术体系。

(10)智能化可视船舶交通管理技术。

(11)集装箱多式联运技术。

(12)通航河流水环境提升与健康维系技术。

(13)自动化码头与装备智能化关键技术。

12.4 交通运输领域科技创新重点工程建议

12.4.1 轨道交通领域

轨道交通领域科技创新重点工程主要包括：

(1)基于RAMSIS的轨道交通装备设计、制造、运维一体化工程示范

研究面向高速列车和货运机车车辆领域的轻量化、智能化、绿色化、谱系化、互操作性和环境友好技术,研究基于RAMSIS的轨道交通装备设计、制造、运维一体化技术,研究速度600km/h级高速磁悬浮交通技术；着力推进高速铁路、城市轨道交通以及货运装备中国标准的国际化,研发具备跨国互联互通能力的速度400km/h级高速轮轨客运装备、速度120km/h联合运输装备、速度200km/h的快捷运输装备、速度250km/h高速货运的货运装备,研发基于RAMSIS的轨道交通装备设计、制造、运维一体化工程示范平台,实现轨道交通技术标准化、智能化、谱系化和可配置化工程装备技术规模化应用。

(2)空-天-车-地综合协同一体化指挥与控制应用示范工程

以我国典型大城市群为背景建设城市群一体化交通运输网,研究面向空-天-车-地全息感知的信息交互共享技术,研究大城市群轨道交通一体化指挥与综合交通协同管控技术,研究基于可信云计算的交通一体化信息集成大数据服务技术,研究空-天-车-地综合协同运输组织与应急调度指挥一体化及高可信北斗导航定位结

合高精度时间同步技术;研究面向全网多层次、多粒度的协同化、智能化行车指挥技术与系统装备体系的规模化运用技术,实现新一代轨道交通空-天-车-地综合协同一体化指挥与控制的标准化与工程化。

(3)轨道交通网络高效运营与安全服务综合智能决策支持示范工程

面向轨道交通网络,研究新技术条件下的轨道交通高效运营与安全服务新型体系架构与标准;研究轨道交通网络安全保障与主动防控关键技术与系统;研究轨道交通网络高效弹性运行智能柔性决策与控制关键技术与系统;研究轨道交通网络维护高效增强关键技术与装备;研究乘客出行智慧决策、多交通方式协同服务关键技术与装备,实现轨道交通信息个性化智能服务;研究轨道交通高效运营与安全服务综合智能决策支持示范工程平台,为实现轨道交通高效运营与安全服务提供技术支撑。

12.4.2 道路交通领域

道路交通领域科技创新重点工程主要包括:

(1)载运装备高端零部件制造与智能汽车集成示范工程

重点研究突破汽车核心电子元器件、高端车规级应用芯片、基础车用软件等信息、电子等领域基础技术和高精尖核心应用技术;研究突破智能汽车高端零部件的设计开发、批量制造的新技术、新材料、新工艺、新装备等瓶颈技术,打造自主可控的高端零部件产业链;加强汽车级芯片的研发及产业化,重点研究高速网络通信芯片、北斗导航芯片、信息安全芯片、传感器芯片、汽车电子芯片、高端计算芯片、人工智能芯片等车载芯片关键技术及产业化,培育具有核心技术的汽车级芯片企业;突破智能汽车底层操作系统和关键应用基础软件的核心技术,构建完全自主可控的信息电子高端零部件产业链,研究智能整车集成关键技术,并研制智能汽车进行应用示范。

(2)智能道路工程绿色建造和运维技术综合集成示范工程

研究耐久绿色环保型宁静道路新材料与建设技术;研究再生能源和可在途自动充电技术;研究道路工程创面生态修复、智能管养与绿色功能叠加关键技术;道路交通安全智能感知与主动防控技术;综合交通运输网络协同运行与风险防控技术;基于大数据支持的汽车运行在途智能诊断、预警和运维决策支持技术,以我国典型道路交通动脉为背景,构建具备车-路协同的道路工程规划设计、建造管养、交通组织与安全保障的智慧道路交通体系，同时也为适用于高速化、无人化载运装备的道路基础设施技术研发和新标准体系的建立提供验证平台。

12.4.3 航空运输领域

航空运输领域科技创新重点工程主要包括：

(1) 新体制空事卫星系统示范工程

空事卫星有效载荷技术是实现全球航空通信、导航、监视一体化的关键，其将承载空管业务相关的通信、导航、监视功能。空事卫星系统是一种基于航空监视载荷技术的卫星星座系统，当前航空监视主要是以 ADS-B 技术为主流，并且 ADS-B 发射机已经成为机载载荷的必须设备，基于 ADS-B 载荷技术的卫星系统已成为国内外对空事卫星系统研究和部署的主方向。

空事卫星系统作为一种面向空管应用的专用系统，需要针对空管业务需求，结合地面空管应用相关标准，测试、验证、评估空事卫星对于航空空管典型应用的可行性和效能。因此，也需要研究空事卫星系统半物理仿真、评估技术，构建空事卫星网络模型，运行空事卫星网络协议和算法，并接入研制出的星上 ADS-B 载荷、星间链路和星上路由网关，引入真实飞机 ADS-B 业务以及接入到空管监视系统，实现空事卫星系统演示和评估。

(2) 无人机空中交通管理系统示范工程

无人驾驶航空器系统，由于摆脱了机载驾驶员的限制，在工作环境、工作时间、制造、应用成本等方面具有明显优势，应用领域广泛，无人机融入国家空域已是大势所趋。

从无人机空中交通管理系统(UTM)和城市空中交通系统(UAM)两个方面出发，开展如指挥与控制链路、感知与避撞技术等相关技术研究可以有效解决无人机防撞、空管机构的协调、管制和指挥等问题。除中高空管制空域外，城市上空空域亦面临着急迫的无人机管控问题。本工程通过对低空空域无人机空中交通控制平台 UTM 开展进一步的研究，从能够增强 UTM 管理能力到能够动态调整低空空域，保障无人机空中交通有序高效运行。

12.4.4 水路交通领域

水路交通领域科技创新重点工程主要包括：

(1) 战略水路通道及流域交通综合管理技术集成示范工程

集成应用智能航道、智能船舶、梯级接驳、支干接入、监控调度和应急处置等技术，研发多层次、多环节互操作技术，以长江等国家战略性水路通道为背景，覆盖支流水路通道，建设具备可复制、可配置和可扩展特点的国家战略性水路通道及流域交通综合管理与服务系统集成示范工程，为我国水路航道和流域能力协同跃升提供技术与系统装备基础。

(2) "一带一路"港口智能化装备和管理技术集成示范工程

集成我国在智能港口、智能船舶、船联网、物联网等方面的技术优势，以国家"一带一路"典型港口为依托，研究港口智能化装备及机船一体智能化运行控制等技术，建设具有高度智能化、信息化的港口、船舶、货物运输综合管理和服务集成示范工程，为"一带一路"国家战略节点提供我国自主技术的智能港口和智能船舶系列装备体系。

(3) 多点多空间水上交通控制管理装备研制与示范工程

为建设具有自主产权的国产化多功能水上交通控制管理系统，形成多点互联、海陆空三位一体的交通运输监管与救助体系。急需研究船舶、港口、航道等水上交通运输要素的智能感知和动态信息获取、水上交通多目标优化调度、动态信息的发布和社会化服务、无人水上交通控制、e-航海新技术和新装备等技术。实现内河、内陆和海上安全及环境保护的目的，同时也为研发制定新标准提供验证平台。

(4) 内河船舶技术创新示范工程

该示范工程结合内河特别是长江经济带的发展需求，围绕"船舶绿色驱动技术"和"船舶自主航行"两条技术创新主线开展。"船舶绿色驱动"技术创新主线是针对内河船舶的重要组成部分，从船体、能源、推进3个角度布局船舶总体设计、绿色动力系统、高效推进器（无轴轮缘推进器）3个重点方向，目的是支撑船舶的绿色发展，减少船舶噪声和水域污染。"船舶自主航行"技术创新主线是针对内河船舶智能化的技术需求差异，部署智能航行系统、通航运行系统、集约化运营3个重点方向，目的是支撑内河船舶安全可靠运行，促进内河船舶技术高质量发展。

针对两条技术创新主线和六大重点方向，根据长江经济带发展进程和船舶智能化技术发展水平，针对性的制订阶段性目标，开展共性关键技术攻关。在"三江两河"水域开展共性关键技术的应用验证，以及系统集成示范应用。

(5)智能船舶关键技术创新示范工程

研究智能船舶的应用场景、分类与智能化分级,对现有船舶的船型优化与全新船型设计进行有力探索,完成不同场景、不同智能化阶段的船舶概念设计;开展新一代智能船舶的指标定义、效能优化、总体布置与风险评估工作,设计全新的智能船舶系统架构。

面向集约、高效、安全的全船综合智能管理与控制系统设计,突破船舶远程控制技术、自主航行决策技术、动力系统智能控制技术、综合智能管控系统设计技术和智能系统应用技术,实现船舶航线、货物、能效、设备管理与控制自主化,建立基于虚实融合场景的综合测试与验证系统、船岸海联动的试验机制与测试条件、网络安全与防护应用系统,实现智能船舶技术标准化、谱系化和规模工程化应用。

13 本篇结论

本篇提出了交通运输模式驱动的关键前沿和热点技术、跨领域变革性技术,给出了交通运输领域科技创新方向和任务布局的建议。具体如下:

(1)根据不同运输方式之间的差异,从载运装备、基础设施、服务与管理3个方面,对交通运输领域总体以及交通运输各领域进行了相应的发展模式分析,预测了未来交通运输领域科技发展特征。

(2)通过对交通运输各领域关键前沿和热点技术的演进路线预测,预测了交通运输模式驱动的关键前沿和热点技术与跨领域变革性技术,包括高精准定位技术、智能交通物联网技术、多栖化无人驾驶技术以及高可信、高速移动通信技术;清洁能源技术、轻量化超材料技术、无人化智能管控技术,为下一步交通运输领域科技创新方向和任务布局提供支撑。

(3)根据交通运输领域发展模式以及关键前沿和热点技术现状,在新时期下对交通运输领域创新方向和任务进行布局建议,对交通运输各领域的创新方向提出了建议,引领了交通运输行业的转型升级;对交通运输领域科技创新重点任务以及重大科技工程提出了建议。

参 考 文 献

[1] 缪炳荣,张卫华,池茂儒,等.下一代高速列车关键技术特征分析及展望[J].铁道学报,2019,41(03):58-70.

[2] 朱建生.铁路新一代客票系统大数据应用创新研究[J].铁路计算机应用,2019,28(04):1-7.

[3] 文超,杨雄,黄平,等.铁路列车运行冲突检测与消解理论研究综述[J].中国安全科学学报,2018,28(S2):66-73.

[4] 林晓军.铁路客运大数据集约化整合平台设计与展望[J].中国铁路,2019,(12):6-10.

[5] 文超,李忠灿,黄平,等.数据驱动的列车晚点传播研究[J].中国安全科学学报,2019,29(S2):1-9.

[6] 刘岩,郭竞文,罗常津,等.列车运行实绩大数据分析及应用前景展望[J].中国铁路,2015,(06):70-73.

[7] 吕欢欢,张玉召.基于机器学习的地铁列车牵引能耗预测研究[J].铁道科学与工程学报,2019,16(07):1833-1841.

[8] 龙志强,蔡楒,徐昕.基于分布估计算法的磁浮列车故障综合评判[J].控制与决策,2009,24(04):551-556.

[9] 李平,邵赛,薛蕊,等.国外铁路数字化与智能化发展趋势研究[J].中国铁路,2019,(02):25-31.

[10] 宁滨,莫志松,李开成.高速铁路信号系统智能技术应用及发展[J].铁道学报,2019,41(03):1-9.

[11] 梁建英.高速列车智能诊断与故障预测技术研究[J].北京交通大学学报,2019,43(01):63-70.

[12] 解军帅,徐泉,秦泗钊,等.高速列车海量数据故障分析系统研究[J].控制工程,2020,27(10):1795-1801.

[13] 王祥进,唐金金,张仲恺,等.城市轨道交通行车突发事件应急处置辅助决策系统研究与实现[J].铁路计算机应用,2020,29(01):82-87.

[14] 周晓昭,张琦,许伟.不同限速下基于随机森林的列车区间运行时分预测研究

[J]. 铁道运输与经济,2018,40(02):18-23.

[15] Gabriel Krummenacher,Ong Cheng-Soon,Koller Stefan,et al. Wheel Defect Detection With Machine Learning[J]. IEEE TRANSACTIONS ON INTELLIGENT TRANSPORTATION SYSTEMS,2018,19（4）:1176-1187.

[16] Zhang Kunlin,Xu Jihui,Xu Huaiyu,et al. Visual analytics towards axle health of high-speed train based on large-scale scatter image[J]. MULTIMEDIA TOOLS AND APPLICATIONS,2020,79（23-24）:16663-16681.

[17] Guo Ming,Wei Wei,Liao Ganli,et al. The impact of personality on driving safety among Chinese high-speed railway drivers[J]. ACCIDENT ANALYSIS AND PREVENTION,2016,9:29-14.

[18] Dong Ping,Zheng Tao,Du Xiaojiang,et al. SVCC-HSR：Providing Secure Vehicular Cloud Computing for Intelligent High-Speed Rail[J]. IEEE NETWORK,2018,32(3):64-71.

[19] N Lestoille,Soize C,Funfschilling C. Stochastic prediction of high-speed train dynamics to long-term evolution of track irregularities[J]. MECHANICS RESEARCH COMMUNICATIONS,2016,75:29-39.

[20] Tim de Bruin,Verbert Kim,Babuska Robert. Railway Track Circuit Fault Diagnosis Using Recurrent Neural Networks[J]. IEEE TRANSACTIONS ON NEURAL NETWORKS AND LEARNING SYSTEMS,2017,28（3）:523-533.

[21] Chen Dewang,Wang Lijuan,Li Lingxi. Position computation models for high-speed train based on support vector machine approach[J]. APPLIED SOFT COMPUTING,2015,30:758-766.

[22] Chen Dewang,Han Xiaojie,Cheng Ruijun,et al. Position calculation models by neural computing and online learning methods for high-speed train[J]. NEURAL COMPUTING & APPLICATIONS,2016,27(6):1617-1628.

[23] Jing Yun,Liu Yingke,Zhang Zhenhua,et al. Passenger travel behaviour on Chinese high-speed railways using machine learning based on revealed-

preference data[J]. EXPERT SYSTEMS,2019,36.

[24] Lu Yang,Xiong Ke,Fan Pingyi,et al. Optimal Multicell Coordinated Beamforming for Downlink High-Speed Railway Communications[J]. IEEE TRANSACTIONS ON VEHICULAR TECHNOLOGY,2017,66(10): 9603-9608.

[25] Wei Sheng,Xu Jiangang,Sun Jingwei,et al. Open big data from ticketing website as a useful tool for characterizing spatial features of the Chinese high-speed rail system[J]. JOURNAL OF SPATIAL SCIENCE,2018,63 (2SI):265-277.

[26] Pu Hao,Zhang Hong,Schonfeld Paul,et al. Maximum Gradient Decision-Making for Railways Based on Convolutional Neural Network[J]. JOURNAL OF TRANSPORTATION ENGINEERING PART A-SYSTEMS,2019,145.

[27] Cheng Ruijun,Song Yongduan,Chen Dewang,et al. Intelligent Positioning Approach for High Speed Trains Based on Ant Colony Optimization and Machine Learning Algorithms[J]. IEEE TRANSACTIONS ON INTELLIGENT TRANSPORTATION SYSTEMS,2019,20(10): 3737-3746.

[28] Hu Hexuan,Tang Bo,Gong Xuejiao,et al. Intelligent Fault Diagnosis of the High-Speed Train With Big Data Based on Deep Neural Networks[J]. IEEE TRANSACTIONS ON INDUSTRIAL INFORMATICS,2017,13(4):2106-2116.

[29] Hu H.,B. Tang,X. Gong,et al. Intelligent Fault Diagnosis of the High-Speed Train With Big Data Based on Deep Neural Networks[J]. IEEE Transactions on Industrial Informatics,2017,13(4):2106-2116.

[30] D Zhang. High-speed Train Control System Big Data Analysis Based on Fuzzy RDF Model and Uncertain Reasoning[J]. INTERNATIONAL JOURNAL OF COMPUTERS COMMUNICATIONS & CONTROL,2017,12(4): 577-591.

[31] Huang Deqing,Fu Yuanzhe,Qin Na,et al. Fault diagnosis of high-speed

train bogie based on LSTM neural network[J]. SCIENCE CHINA-INFORMATION SCIENCES,2021,64.

[32] Yin Jiateng,Zhao Wentian. Fault diagnosis network design for vehicle on-board equipments of high-speed railway: A deep learning approach[J]. ENGINEERING APPLICATIONS OF ARTIFICIAL INTELLIGENCE, 2016,56:250-259.

[33] Chen C-J,Liu C-H,Chen Y-J,et al. Evaluation of Machine Learning Methods for Ground Vibration Prediction Model Induced by High-Speed Railway[J]. JOURNAL OF VIBRATION ENGINEERING & TECHNOLOGIES,2016, 4(3):283-290.

[34] Yung-Cheng Lai,Huang Yung-An,Chu Hongyu. Estimation of rail capacity using regression and neural network[J]. NEURAL COMPUTING & APPLICATIONS,2014,25(7-8):2067-2077.

[35] A Azadeh,Saberi M,Noorossana R,et al. Estimating efficient value of controllable variable using an adaptive neural network algorithm: Case of a railway system [J]. JOURNAL OF SCIENTIFIC & INDUSTRIAL RESEARCH,2012,71(1): 45-50.

[36] Ma Meng,Wang Ping,Chu Chao-Hsien,et al. Efficient Multipattern Event Processing Over High-Speed Train Data Streams[J]. IEEE INTERNET OF THINGS JOURNAL,2015,2(4SI):295-309.

[37] Chen Hongtian,Jiang Bin,Chen Wen,et al. Edge Computing-Aided Framework of Fault Detection for Traction Control Systems in High-Speed Trains[J]. IEEE TRANSACTIONS ON VEHICULAR TECHNOLOGY,2020,69(2):1309-1318.

[38] Chen Hongtian, Jiang Bin, Chen Wen, et al. Edge Computing-Aided Framework of Fault Detection for Traction Control Systems in High-Speed Trains[J]. IEEE TRANSACTIONS ON VEHICULAR TECHNOLOGY, 2020,69(2):1309-1318.

[39] Kang Gaoqiang,Gao Shibin,Yu Long,et al. Deep Architecture for High-Speed Railway Insulator Surface Defect Detection: Denoising Autoencoder

With Multitask Learning[J]. IEEE TRANSACTIONS ON INSTRUMENTATION AND MEASUREMENT,2019,68(8):2679-2690.

[40] Hao Wei,Liu Feng. Axle Temperature Monitoring and Neural Network Prediction Analysis for High-Speed Train under Operation[J]. SYMMETRY-BASEL,2020,12.

[41] Javad Sadeghi, Askarinejad Hossein. Application of neural networks in evaluation of railway track quality condition[J]. JOURNAL OF MECHANICAL SCIENCE AND TECHNOLOGY,2012,26(1):113-122.

[42] Yang Changwei,Li Zonghao,Guo Xueyan,et al. Application of BP Neural Network Model in Risk Evaluation of Railway Construction[J]. COMPLEXITY,2019.

[43] Nikola Markovic,Milinkovic Sanjin,Tikhonov Konstantin-S,et al. Analyzing passenger train arrival delays with support vector regression[J]. TRANSPORTATION RESEARCH PART C-EMERGING TECHNOLOGIES,2015,56:251-262.

[44] Li Huile,Wu Gang,Cui Mida. A machine learning based approach for efficient safety evaluation of the high speed train and short span bridge system[J]. LATIN AMERICAN JOURNAL OF SOLIDS AND STRUCTURES,2020,17.

[45] Liu Zhigang, Wang Liyou, Li Changjiang, et al. A High-Precision Loose Strands Diagnosis Approach for Isoelectric Line in High-Speed Railway[J]. IEEE TRANSACTIONS ON INDUSTRIAL INFORMATICS,2018,14(3):1067-1077.

[46] Hamad Alawad, Kaewunruen Sakdirat, An Min. A Deep Learning Approach Towards Railway Safety Risk Assessment[J]. IEEE ACCESS,2020,8:102811-102832.

[47] 来飞,黄超群,胡博. 智能汽车自动驾驶技术的发展与挑战[J]. 西南大学学报（自然科学版）,2019,41(08):124-133.

[48] 胡云峰,曲婷,刘俊,等. 智能汽车人机协同控制的研究现状与展望[J]. 自动化学报,2019,45(07):1261-1280.

[49] 付晓鑫,江永亨,黄德先,等.一种新的实时智能汽车轨迹规划方法[J].控制与决策,2015,30(10):1751-1758.

[50] 彭晓燕,谢浩,黄晶.无人驾驶汽车局部路径规划算法研究[J].汽车工程,2020,42(01):1-10.

[51] 李宏刚,王云鹏,廖亚萍,等.无人驾驶矿用运输车辆感知及控制方法[J].北京航空航天大学学报,2019,45(11):2335-2344.

[52] 杨艳明,高增桂,张子龙,等.无人驾驶技术发展对策研究[J].中国工程科学,2018,20(06):101-104.

[53] 陈刚,吴俊.无人驾驶机器人车辆非线性模糊滑模车速控制[J].中国公路学报,2019,32(06):114-123.

[54] 姜岩,王琦,龚建伟,等.无人驾驶车辆局部路径规划的时间一致性与鲁棒性研究[J].自动化学报,2015,41(03):518-527.

[55] 胡恒武,查旭东,岑晏青,等.太阳能路面研究现状及展望[J].长安大学学报(自然科学版),2020,40(01):16-29.

[56] 吴超仲,吴浩然,吕能超.人机共驾智能汽车的控制权切换与安全性综述[J].交通运输工程学报,2018,18(06):131-141.

[57] 陈虹,申忱,郭洪艳,等.面向动态避障的智能汽车滚动时域路径规划[J].中国公路学报,2019,32(01):162-172.

[58] 田涛涛,侯忠生,刘世达,等.基于无模型自适应控制的无人驾驶汽车横向控制方法[J].自动化学报,2017,43(11):1931-1940.

[59] 王震坡,黎小慧,孙逢春.产业融合背景下的新能源汽车技术发展趋势[J].北京理工大学学报,2020,40(01):1-10.

[60] Li Wengang, Liu Zhen, Hui Yilong, et al. Vehicle Classification and Speed Estimation Based on a Single Magnetic Sensor[J]. IEEE ACCESS,2020,8:126814-126824.

[61] An Dongdong, Liu Jing, Zhang Min, et al. Uncertainty modeling and runtime verification for autonomous vehicles driving control: A machine learning-based approach [J]. JOURNAL OF SYSTEMS AND SOFTWARE, 2020,167.

[62] Jose-Luis-Calderon Choy, Wu Jing, Long Chengnian, et al. Ubiquitous and

Low Power Vehicles Speed Monitoring for Intelligent Transport Systems [J]. IEEE SENSORS JOURNAL,2020,20(11):5656-5665.

[63] Han Gaining,Fu Weiping,Wang Wen,et al. The Lateral Tracking Control for the Intelligent Vehicle Based on Adaptive PID Neural Network[J]. SENSORS,2017,17.

[64] Adnan Qayyum,Usama Muhammad,Qadir Junaid,et al. Securing Connected & Autonomous Vehicles: Challenges Posed by Adversarial Machine Learning and the Way Forward[J]. IEEE COMMUNICATIONS SURVEYS AND TUTORIALS,2020,22(2):998-1026.

[65] Han Qiu,Qiu Meikang,Lu Ruqian. Secure V2X Communication Network based on Intelligent PKI and Edge Computing[J]. IEEE NETWORK,2020,34(2):172-178.

[66] Ahmed Gomaa,Abdelwahab Moataz-M,Abo-Zahhad Mohammed,et al. Robust Vehicle Detection and Counting Algorithm Employing a Convolution Neural Network and Optical Flow[J]. SENSORS,2019,19.

[67] Wang Yazi,Feng Yuehong,Sun Huaibo. Research on vehicle intelligent wireless location algorithm based on convolutional neural network[J]. NEURAL COMPUTING & APPLICATIONS,2020.

[68] Li Haitao. Research on prediction of traffic flow based on dynamic fuzzy neural networks[J]. NEURAL COMPUTING & APPLICATIONS,2016,27(7):1969-1980.

[69] Wang Xinchen,Zhang Weiwei,Wu Xuncheng,et al. Real-time vehicle type classification with deep convolutional neural networks[J]. JOURNAL OF REAL-TIME IMAGE PROCESSING,2019,16(1SI):5-14.

[70] Malik Haris,Hou Jin. Obstacle Detection and Safely Navigate the Autonomous Vehicle from Unexpected Obstacles on the Driving Lane[J]. SENSORS,2020,20.

[71] Y-U Yim,Oh S-Y. Modeling of vehicle dynamics from real vehicle measurements using a neural network with two-stage hybrid learning for accurate long-term prediction [J]. IEEE TRANSACTIONS ON VEHICULAR

TECHNOLOGY,2004,53(4):1076-1084.

[72] Fu Huiyuan, Ma Huadong, Wang Gaoya, et al. MCFF-CNN: Multiscale comprehensive feature fusion convolutional neural network for vehicle color recognition based on residual learning[J]. NEUROCOMPUTING, 2020, 395:178-187.

[73] Jack Stilgoe. Machine learning, social learning and the governance of self-driving cars[J]. SOCIAL STUDIES OF SCIENCE,2018,48(1):25-56.

[74] Laura Garcia Cuenca, Sanchez-Soriano Javier, Puertas Enrique, et al. Machine Learning Techniques for Undertaking Roundabouts in Autonomous Driving [J]. SENSORS,2019,19.

[75] Yang Bo, Cao Xuelin, Li Xiangfang, et al. Lessons Learned From Accident of Autonomous Vehicle Testing: An Edge Learning-Aided Offloading Framework[J]. IEEE WIRELESS COMMUNICATIONS LETTERS,2020, 9(8):1182-1186.

[76] Sahar Araghi, Khosravi Abbas, Creighton Douglas. Intelligent cuckoo search optimized traffic signal controllers for multi-intersection network [J]. EXPERT SYSTEMS WITH APPLICATIONS,2015,42(9):4422-4431.

[77] Cao Jingwei, Song Chuanxue, Peng Silun, et al. Improved Traffic Sign Detection and Recognition Algorithm for Intelligent Vehicles [J]. SENSORS,2019,19.

[78] Liu Wei, Shoji Yozo. Edge-Assisted Vehicle Mobility Prediction to Support V2X Communications [J]. IEEE TRANSACTIONS ON VEHICULAR TECHNOLOGY,2019,68(10):10227-10238.

[79] Jimoh-O Pedro, Dangor Muhammed, Dahunsi Olurotimi-A, et al. Dynamic neural network-based feedback linearization control of full-car suspensions using PSO[J]. APPLIED SOFT COMPUTING,2018,70:723-736.

[80] He Xin, Xu Li, Zhang Zhe. Driving behaviour characterisation by using phase-space reconstruction and pre-trained convolutional neural network [J]. IET INTELLIGENT TRANSPORT SYSTEMS, 2019, 13 (7): 1173-1180.

[81] Niharika Mahajan, Hegyi Andreas, Hoogendoorn Serge-P, et al. Design analysis of a decentralized equilibrium-routing strategy for intelligent vehicles[J]. TRANSPORTATION RESEARCH PART C-EMERGING TECHNOLOGIES,2019,103:308-327.

[82] Liu Wei,Shoji Yozo. DeepVM: RNN-Based Vehicle Mobility Prediction to Support Intelligent Vehicle Applications[J]. IEEE TRANSACTIONS ON INDUSTRIAL INFORMATICS,2020,16(6): 3997-4006.

[83] Konstantinos Makantasis, Kontorinaki Maria, Nikolos Ioannis. Deep reinforcement-learning-based driving policy for autonomous road vehicles [J]. IET INTELLIGENT TRANSPORT SYSTEMS,2020,14(1): 13-24.

[84] Arzoo Miglani,Kumar Neeraj. Deep learning models for traffic flow prediction in autonomous vehicles: A review, solutions, and challenges[J]. VEHICULAR COMMUNICATIONS,2019,20.

[85] Liao Jiangdong,Liu Teng,Tang Xiaolin,et al. Decision-Making Strategy on Highway for Autonomous Vehicles Using Deep Reinforcement Learning [J]. IEEE ACCESS,2020,8:177804-177814.

[86] Philip Koopman,Wagner Michael. Autonomous Vehicle Safety: An Interdisciplinary Challenge [J]. IEEE INTELLIGENT TRANSPORTATION SYSTEMS MAGAZINE,2017,9(1): 90-96.

[87] Chen Chen, Jiang Jiange, Lv Ning, et al. An Intelligent Path Planning Scheme of Autonomous Vehicles Platoon Using Deep Reinforcement Learning on Network Edge[J]. IEEE ACCESS,2020,8:99059-99069.

[88] N Kehtarnavaz,Griswold N,Miller K,et al. A transportable neural-network approach to autonomous vehicle following[J]. IEEE TRANSACTIONS ON VEHICULAR TECHNOLOGY,1998,47(2): 694-702.

[89] Y Kuriyagawa,Im H-E,Kageyama I,et al. A research on analytical method of driver-vehicle environment system for construction of intelligent driver support system [J]. VEHICLE SYSTEM DYNAMICS, 2002, 37 (5): 339-358.

[90] Liu Yonggang,Wang Xiao,Li Liang,et al. A Novel Lane Change Decision-

Making Model of Autonomous Vehicle Based on Support Vector Machine[J]. IEEE ACCESS,2019,7:26543-26550.

[91] Yang Da,Zhu Liling,Liu Yalong,et al. A Novel Car-Following Control Model Combining Machine Learning and Kinematics Models for Automated Vehicles [J]. IEEE TRANSACTIONS ON INTELLIGENT TRANSPORTATION SYSTEMS,2019,20(6):1991-2000.

[92] Pedro-J Navarro,Fernandez Carlos,Borraz Raul,et al. A Machine Learning Approach to Pedestrian Detection for Autonomous Vehicles Using High-Definition 3D Range Data[J]. SENSORS,2017,17(181).

[93] S Devi,Malarvezhi P,Dayana R,et al. A Comprehensive Survey on Autonomous Driving Cars:A Perspective View [J]. WIRELESS PERSONAL COMMUNICATIONS,2020,114(3):2121-2133.

[94] 徐海祥,李超逸,余文曌,等.智能船舶循迹控制方法研究[J].华中科技大学学报(自然科学版),2020,48(08):103-108.

[95] 丁军,苗玉基,张正伟,等.一种新型双模块半潜式海工平台的运动和连接器载荷响应研究[J].船舶力学,2020,24(08):1036-1046.

[96] 刘培国,刘翰青,王轲.石墨烯材料在舰船强电磁防护技术中的应用[J].中国舰船研究,2020,15(04):1-8.

[97] 李涵,郭占一.轻型复合材料上层建筑与钢质船体连接结构设计分析[J].中国舰船研究,2020,15(04):36-45.

[98] 宋云婷,王诺.基于时间不确定的集装箱码头靠泊计划优化[J].交通运输系统工程与信息,2020,20(04):224-230.

[99] 郑红星,贺国燕,秦颖.基于SD的港口群共享泊位方案仿真研究[J].重庆交通大学学报(自然科学版),2020,39(07):114-120.

[100] 甘水来,靳盼盼,蒋伟,等.基于FSS Code的大型船舶机舱布置优化[J].船舶工程,2020,42(07):116-123.

[101] 周亚军,丁仕风,周利,等.海洋平台振动噪声评估与标准化研究[J].船舶工程,2020,42(07):22-26.

[102] 詹蓉,崔濛,曾佳,等.船舶抗碰撞性能研究[J].船舶工程,2020,42(07):50-54.

[103] S Schafhirt, Zwick D, Muskulus M. Two-stage local optimization of lattice type support structures for offshore wind turbines[J]. Ocean Engineering, 2016,117:163-173.

[104] Chen Zhanyang, Jiao Jialong, Li Hui. Time-domain numerical and segmented ship model experimental analyses of hydroelastic responses of a large container ship in oblique regular waves[J]. Applied Ocean Research, 2017,67:78-93.

[105] Eduardo Lalla-Ruiz, Shi Xiaoning, Voß Stefan. The waterway ship scheduling problem[J]. Transportation Research Part D: Transport and Environment, 2018,60:191-209.

[106] Chen Dongxu, Yang Zhongzhen. Systematic optimization of port clusters along the Maritime Silk Road in the context of industry transfer and production capacity constraints[J]. Transportation Research Part E: Logistics and Transportation Review, 2018,109:174-189.

[107] Li Feng, Yang Dong, Wang Shuaian, et al. Ship routing and scheduling problem for steel plants cluster alongside the Yangtze River[J]. Transportation Research Part E: Logistics and Transportation Review, 2019,122:198-210.

[108] Tan Zhijia, Li Wan, Zhang Xiaoning, et al. Service charge and capacity selection of an inland river port with location-dependent shipping cost and service congestion[J]. Transportation Research Part E: Logistics and Transportation Review, 2015,76:13-33.

[109] Li Shijie, Negenborn Rudy-R, Lodewijks Gabriel. Planning inland vessel operations in large seaports using a two-phase approach[J]. Computers & Industrial Engineering, 2017,106:41-57.

[110] Evrim Ursavas, Zhu Stuart-X. Optimal policies for the berth allocation problem under stochastic nature[J]. European Journal of Operational Research, 2016, 255(2): 380-387.

[111] Xie Ying, Song Dong-Ping. Optimal planning for container prestaging, discharging, and loading processes at seaport rail terminals with uncertainty[J]. Transportation Research Part E: Logistics and

Transportation Review,2018,119:88-109.

[112] Zhu Lei,Gong Wenping,Zhang Heng,et al. Numerical study of sediment transport time scales in an ebb-dominated waterway[J]. Journal of Hydrology,2020.

[113] Hu Zhihua. Multi-objective genetic algorithm for berth allocation problem considering daytime preference[J]. Computers & Industrial Engineering, 2015,89:2-14.

[114] Tao Yi,Lee Chung-Yee. Joint planning of berth and yard allocation in transshipment terminals using multi-cluster stacking strategy[J]. Transportation Research Part E: Logistics and Transportation Review, 2015,83:34-50.

[115] José Del Águila Ferrandis,Brizzolara Stefano,Chryssostomidis Chryssostomos. Influence of large hull deformations on the motion response of a fast catamaran craft with varying stiffness[J]. Ocean Engineering,2018,163: 207-222.

[116] Ahmed Swidan,Thomas Giles,Ranmuthugala Dev,et al. Experimental drop test investigation into wetdeck slamming loads on a generic catamaran hullform[J]. Ocean Engineering,2016,117:143-153.

[117] He Zixiao,Jia Liangwen,Jia Yanhong,et al. Effects of flood events on sediment transport and deposition in the waterways of Lingding Bay,Pearl River Delta,China[J]. Ocean & Coastal Management,2020.

[118] Tang Guolei,Wang Wenyuan,Song Xiangqun,et al. Effect of entrance channel dimensions on berth occupancy of container terminals[J]. Ocean Engineering,2016,117:174-187.

[119] Du Xiaoxu,Cui Hang,Zhang Zhengdong. Dynamics model and maneuverability of a novel AUV with a deflectable duct propeller[J]. Ocean Engineering, 2018,163:191-206.

[120] Cenk Şahin,Kuvvetli Yusuf. Differential evolution based meta-heuristic algorithm for dynamic continuous berth allocation problem[J]. Applied Mathematical Modelling,2016,40(23-24):10679-10688.

[121] Chen Hong, Cullinane Kevin, Liu Nan. Developing a model for measuring the resilience of a port-hinterland container transportation network[J]. Transportation Research Part E: Logistics and Transportation Review, 2017, 97: 282-301.

[122] Jannes-J Willems, Busscher Tim, Woltjer Johan, et al. Co-creating value through renewing waterway networks: A transaction-cost perspective[J]. Journal of transport geography, 2018, 69: 26-35.

[123] Li Shijie, Negenborn Rudy-R, Lodewijks Gabriel. Closed-loop coordination of inland vessels operations in large seaports using hybrid logic-based benders decomposition[J]. Transportation Research Part E: Logistics and Transportation Review, 2017, 97: 1-21.

[124] Khatereh Ahadi, Sullivan Kelly-M, Mitchell Kenneth-Ned. Budgeting maintenance dredging projects under uncertainty to improve the inland waterway network performance[J]. Transportation Research Part E: Logistics and Transportation Review, 2018, 119: 63-87.

[125] Han Peng, Yang Xiaoxia. Big data-driven automatic generation of ship route planning in complex maritime environments[J]. Acta Oceanologica Sinica, 2020, 39(8): 113-120.

[126] Justyna Lemke, Piotrowski Leszek. Availability of Transport Services on the Odra Waterway Depending on the Weather[J]. Transportation Research Procedia, 2016, 16: 266-271.

[127] Geraldo-Regis Mauri, Ribeiro Glaydston-Mattos, Lorena Luiz-Antonio-Nogueira, et al. An adaptive large neighborhood search for the discrete and continuous Berth allocation problem[J]. Computers & Operations Research, 2016, 70: 140-154.

[128] D Sengupta, Datta R, Sen D. A simplified approach for computation of nonlinear ship loads and motions using a 3D time-domain panel method[J]. Ocean Engineering, 2016, 117: 99-113.

[129] Eduardo Lalla-Ruiz, Expósito-Izquierdo Christopher, Melián-Batista Belén, et al. A Set-Partitioning-based model for the Berth Allocation Problem

under Time-Dependent Limitations[J]. European Journal of Operational Research,2016,250(3):1001-1012.

[130] Han XiaoLong,Gong Xing,Jo Jungbok. A new continuous berth allocation and quay crane assignment model in container terminal[J]. Computers & Industrial Engineering,2015,89:15-22.

[131] Hsien-Pin Hsu. A HPSO for solving dynamic and discrete berth allocation problem and dynamic quay crane assignment problem simultaneously[J]. Swarm and evolutionary computation,2016,27:156-168.

[132] Stefano Fazi. A decision-support framework for the stowage of maritime containers in inland shipping [J]. Transportation Research Part E: Logistics and Transportation Review,2019,13:11-23.

[133] 黄肖玲,王雅薇,郭杰伟,等."前港后厂"港口堆场作业设备调度优化研究[J].管理工程学报,2020,34(05):145-154.

[134] 牟建红,黄格,吕欣,等.中国航空网络时序特征分析[J].电子科技大学学报,2018,v.47(03):144-150.

[135] 陈航宇,李慧嘉.中国航空复杂网络的结构特征与应用分析[J].计算机科学,2019,(S1).

[136] 李航,胡小兵.一种改进的民用航空网络空间脆弱性模型[J].交通运输系统工程与信息,2018,(4):202-208.

[137] 黄海清,甘旭升,蒋旭瑞,等.考虑机场位置与航线流量影响的航空网络防御资源优化策略[J].航空工程进展,2020,(1):85-91.

[138] 高航航,赵尚弘,王翔,等.基于系统最优的航空信息网络流量均衡方案[J].计算机科学,2020,v.47(03):269-274.

[139] 王兴隆,潘维煌,赵末,等.航空相依网络的鲁棒性与拥堵性分析[J].中国安全科学学报,2018,028(002):110-115.

[140] 曹芳波,吕娜,陈柯帆,等.航空集群网络可靠性估计路由选择策略[J].计算机工程与应用,2017,53(024):129-135.

[141] 王兴隆,刘洋.航空多层网络弹性测度与分析[J].复杂系统与复杂性科学,2020,v.17;No.66(02):34-41.

[142] 傅超琦,王瑛,李超,等.不同增长机制下航空网络自愈特性[J].北京航空航

天大学学报,2018,44(006):1221-1229.

[143] 乐美龙,郑文娟,吴明功,等. 不确定需求下航空公司枢纽网络优化设计[J]. 北京航空航天大学学报,2020,(4).

[144] Iris Hausladen, Schosser Maximilian. Towards a maturity model for big data analytics in airline network planning[J]. Journal of Air Transport Management,2020.

[145] Sascha Albers, Daft Jost, Stabenow Sebastian, et al. The long-haul low-cost airline business model: A disruptive innovation perspective[J]. Journal of Air Transport Management,2020.

[146] Ma Jun, Ruan Shaojun, Hu Jianqiang, et al. The intrinsic relationship between color variation and performances of the deteriorated aviation lubrication oil[J]. Journal of Industrial and Engineering Chemistry,2020,92:88-95.

[147] Joost Zuidberg, de Wit Jaap-G. The development of long-haul low-cost networks in the North Atlantic airline market: An exploratory data approach[J]. Transport Policy,2020,95:103-113.

[148] D-S Lee, Fahey D-W, Skowron A, et al. The contribution of global aviation to anthropogenic climate forcing for 2000 to 2018 [J]. Atmospheric Environment,2021.

[149] Yang Huijuan, O Connell John-F. Short-term carbon emissions forecast for aviation industry in Shanghai[J]. Journal of Cleaner Production,2020.

[150] David-J Keeling. Restructuring Argentina's airline networks: Successes and challenges[J]. Journal of Transport Geography,2020.

[151] Zheng Jiaxi. Research on the Robustness of Domestic Airline Route Network under Perspective of Complex Network[J]. IOP Conference Series: Earth and Environmental Science,2020.

[152] Óscar Álvarez-SanJaime, Cantos-Sanchez Pedro, Moner-Colonques Rafael, et al. Pricing and infrastructure fees in shaping cooperation in a model of high-speed rail and airline competition[J]. Transportation Research Part B: Methodological,2020,140:22-41.

[153] Julio-B Clempner. Penalizing passenger's transfer time in computing airlines revenue[J]. Omega,2020.

[154] Muharrem-Enis Çiftçi,Özkır Vildan. Optimising flight connection times in airline bank structure through Simulated Annealing and Tabu Search algorithms[J]. Journal of Air Transport Management,2020.

[155] Chantal Roucolle,Seregina Tatiana,Urdanoz Miguel. Measuring the development of airline networks: Comprehensive indicators[J]. Transportation Research Part A: Policy and Practice,2020,133:303-324.

[156] Poh-Theng Loo. Exploring airline Companies' engagement with their passengers through social network: An investigation from their Facebook pages[J]. Tourism Management Perspectives,2020.

[157] Ma Wenliang,Wang Qiang,Yang Hangjun,et al. Evaluating the price effects of two airline mergers in China[J]. Transportation Research Part E: Logistics and Transportation Review,2020.

[158] Cui Qiang,Lin Jingling,Jin Ziyin. Evaluating airline efficiency under "Carbon Neutral Growth from 2020" strategy through a Network Interval Slack-Based Measure[J]. Energy,2020.

[159] Deivison-Da-Silveira Pereira,Soares De Mello João-Carlos-C-B. Efficiency evaluation of Brazilian airlines operations considering the Covid-19 outbreak[J]. Journal of Air Transport Management,2021.

[160] Sarah Thomaz. Effects of asymmetric demands on airline scheduling decisions in a network[J]. Economics of Transportation,2020.

[161] Allen Wong,Tan Sijian,Chandramouleeswaran Keshav-Ram,et al. Data-driven analysis of resilience in airline networks[J]. Transportation Research Part E: Logistics and Transportation Review,2020.

[162] Steve Lawford,Mehmeti Yll. Cliques and a new measure of clustering: With application to U. S. domestic airlines[J]. Physica A: Statistical Mechanics and its Applications,2020.

[163] Fadime Karaer Özmen,Üreyen Mustaf-Erdem,Koparal Ali-Savaş. Cleaner production of flame-retardant-glass reinforced epoxy resin composite for

aviation and reducing smoke toxicity[J]. Journal of Cleaner Production,2020.

[164] Jan Never, Suau-Sanchez Pere. Challenging the interline and codeshare legacy: Drivers and barriers for airline adoption of airport facilitated inter-airline network connectivity schemes[J]. Research in Transportation Economics,2020.

[165] Tina-L Skinner, Kelly Vincent-G, Boytar Alexander-N, et al. Aviation Rescue Firefighters physical fitness and predictors of task performance[J]. Journal of Science and Medicine in Sport,2020,23(12): 1228-1233.

[166] Fügenschuh M., R. Gera, A. Tagarelli. ANGEL: A Synthetic Model for Airline Network Generation Emphasizing Layers[J]. IEEE Transactions on Network Science and Engineering,2020,7(3): 1977-1987.

[167] José ALEXANDRE, FREGNANI T-G, DE MATTOS Bento-S, et al. An innovative approach for integrated airline network and aircraft family optimization[J]. Chinese Journal of Aeronautics,2020,33(2): 634-663.

[168] Claudio Noto. Airport slots, secondary trading, and congestion pricing at an airport with a dominant network airline[J]. Research in Transportation Economics,2020.

[169] Sukru Nenem, Graham Anne, Dennis Nigel. Airline schedule and network competitiveness: A consumer-centric approach for business travel[J]. Annals of Tourism Research,2020.

[170] Cui Qiang, Jin Ziyin. Airline environmental efficiency measures considering negative data: An application of a modified network Modified Slacks-based measure model[J]. Energy,2020.

[171] Cui Qiang. Airline energy efficiency measures using a network range-adjusted measure with unified natural and managerial disposability[J]. Energy Efficiency,2020,13(6): 1195-1211.

[172] Sataro Yamaguchi, Kanda Masae. A proposal for a lightweight, large current superconducting cable for aviation[J]. Superconductor Science and Technology,2020,34(1): 14001.

[173] Sadilek T., M. Kumar, Y. Jang, et al. A Low-THD Two-Switch PFC DCM Boost Rectifier for Aviation Applications [J]. IEEE Transactions on Transportation Electrification, 2020, 6(4): 1755-1766.